기대하지 않는다

DARENIMO NANNIMO KITAISHINAI
KOUDOURYOKU TO KOUFUKUDO WO DOUJI NI TAKAMERU RENSHU
Copyright ⓒ 2024 Kenta Nagakura
Korean Translation Copyright ⓒ 2025 by All That Books
All rights reserved.

Original Japanese edition published by Socym Co., Ltd.
This Korean edition was published by All That Books in 2025
by arrangement with Socym Co., Ltd. through EntersKorea Co., Ltd.

이 책의 한국어판 저작권은 (주)엔터스코리아를 통해
저작권자와 독점계약한 올댓북스에 있습니다.
저작권법에 의해 한국 내에서 보호를 받는 저작물이므로
무단전재 및 복제를 금합니다.

기대심리를 뒤집어 인생을 변화시키는 성공 솔루션

기대하지 않는다

나가쿠라 겐타 지음
이예진 옮김

머리말

'기대하지 않는 자세'가 특효약

많은 책들 중에 이 책을 선택해 주신 독자분들께 감사의 마음을 전한다. 나는 원래 편집자라서 서점에 들러 자주 책을 구입한다. 그때마다 **'최선의 선택이 아닌, 내 선택을 최선으로 만들겠다'**고 결심한다. 내가 선택한 책을 나를 위해서 활용하겠다는 결심이다. 그러면 확실히 무언가를 얻는다. 그리고 이 마음가짐은 인생 전반에 똑같이 적용된다.

우리는 늘 '최선의 선택'을 하려고 한다. 그래서 방황도

하고 고민도 한다. 학창 시절에 선택형 객관식 시험을 너무 많이 치른 영향일지도 모른다. 분명 시험 문제에는 정답이 있다. 그러나 인생은 다르다. 원래 인생에 정답이란 없다.

인생은 선택의 연속이다. 그래서 나는 '최선의 선택이 아닌, 내 선택을 최선으로 만들자'라는 마음가짐이 중요하다고 강조한다. 시험과 다르게 인생의 선택은 처음부터 정답이 정해져 있지 않다. 그래서 선택에 시간을 쏟는 것은 무의미하기도 하다. 인생에서는 **'무엇을 선택하느냐'보다 '선택한 후의 행동'이 중요**하다. "그때 다른 선택을 해야 했는데……."라고 후회하는 사람은 어떤 선택을 했어도 후회할 사람이다. 나의 선택을 최선으로 만들기 위해 필요한 것이 바로 **'기대하지 않는 자세'**다. '기대하지 않는 자세'는 행동력과 정신적 안정으로 이어지기 때문이다.

기대하지 않아야 행동할 수 있는 이유

어떠한 결과를 내기 위해서는, 멈추지 않고 지속하는 것이 전제되어야 한다. 비즈니스 세계에서 성공한 사람은 무엇인가를 지속한 사람이며, 포기하지 않은 사람이다. 성공한 운동선수 역시 연습을 멈추지 않은 사람이다. 그런데 우리 같은 평범한 사람은 지속하는 것이 어렵고, 어쩌면 그래서 평범한 것이다. 무엇인가를 지속하려면 어떻게 해야 할까?

나는 '기대하지 않는 자세'를 제안한다. 대부분 어떤 행동을 그만두게 되는 이유는 **'실패가 두려워서'이거나 '실패를 맛본 뒤 낙담해 멈춘'** 경우다. 두 가지 경우 모두 애초에 기대감이 있었기 때문에 나타난 결과다. '잘될지도 몰라'라는 기대감이 있으면 실패할지 모른다는 두려움도 동시에 갖게 마련이고 '잘될지도 몰라'라고 기대했기 때문에 잘 안 돼서 실망한다. 처음부터 기대하지 않으면, 두려움도 실망도 없다. 나는 종종 행동력이 좋다는 평가를 받는데, 아무런 기대감 없이 행동하고 있기 때문이다.

기대하지 않으면 감사하는 마음이 생긴다

'기대하지 않는 자세'는 정신 건강에도 좋다. 앞서 설명했듯이, 기대하지 않으면 실망하지도 않고 오히려 감사하는 마음이 생긴다. 그리고 늘 긍정적으로 생각할 수 있다.

과거 미국에 거주한 적이 있는데, 아마존에서 주문한 물건이 도착하지 않는 경우가 가끔 있었다(중간에 도둑맞는 경우도 있었다). 그래서 주문한 물건이 잘 도착하기만 해도 감사했다. 그런데 일본에서는 택배가 지정한 시간에 도착하지 않으면 짜증이 난다. 택배에 대한 내 기대치가 미국은 낮고 일본은 높기 때문이다. 주문한 상품이 도착한 것만으로 고마워하는 인생이, 시간 내에 도착하지 않았다고 짜증을 내는 인생보다 훨씬 좋지 않을까?

실제 불행의 원인은 '기대' 때문이다. 어떤 일에 대한 관점은 우리의 기대치에 따라 달라진다. 5,000원짜리 식사에 불평을 하는 사람은 적지만, 5만 원짜리 식사에 불만이 생기면 항의하는 사람이 많아지는 것과 같은 이치다. 5,000원짜리 식사는 기대치가 낮기 때문이다. 이처럼 **'기대하지 않는 자세'로 인생을 살아가면, '행동력'과 '행복감'을 높일 수 있다**는 것이 내가 이 책을 쓴 목적이다.

기대하지 않는 연습

이 책을 읽다 보면 기대하는 것이 얼마나 의미 없는 일인지 알 수 있다. 이 책을 다 읽은 후에는 당신도 기대하지 않는 성향으로 바뀌어 있을 것이다.

제1장은 **'나에 대한 기대'**를 멈추는 연습이다. '남의 눈'을 신경 쓰는 것도 전부 자신에 대한 기대가 원인이다.

제2장은 **'타인에 대한 기대'**를 멈추는 연습이다. 부모 자식 관계, 가족 관계, 친구 관계에서 고민이 생기는 이유는 대부분 타인에 대한 기대가 원인이다. 2장을 통해 '인간관계'의 고민을 해소할 수 있을 것이다.

제3장은 **'회사에 대한 기대'**를 멈추는 연습이다. 일에 대한 고민은 끝이 없다. 그리고 우리는 대부분 조직에서 일하고 있다. 3장의 내용을 실천하면 상사, 부하, 동료 관계에서 겪는 어려움을 해결할 수 있다.

제4장은 **'돈에 대한 기대'**를 멈추는 연습이다. 자본주의 사회에서 우리는 돈과 무관하게 살아갈 수 없다. 4장을 통해

자본주의 사회에서 잘 살아가는 방법을 소개한다.

제5장은 '사회에 대한 기대'를 멈추는 연습이다. 정치, 미디어 등 다양한 분야에 있어서 현대 사회를 잘 살아가기 위한 지혜를 담았다.

차례

머리말 • 04

1장 • 나에게 기대하지 않는 습관

인생에 기대하지 않는다 • 16
능력에 기대하지 않는다 • 20
노력에 기대하지 않는다 • 24
목표에 기대하지 않는다 • 29
'하고 싶은 일'에 기대하지 않는다 • 34
성과에 기대하지 않는다 • 40
나의 가치관에 기대하지 않는다 • 44

2장 • 타인에게 기대하지 않는 습관

부모에게 기대하지 않는다 • 52
자식에게 기대하지 않는다 • 57
가족에게 기대하지 않는다 • 62
친구에게 기대하지 않는다 • 66
교사에게 기대하지 않는다 • 70
소셜 미디어에 기대하지 않는다 • 74

3장 • 회사에 기대하지 않는 습관

회사에 기대하지 않는다 • 84
일에 기대하지 않는다 • 89
상사에게 기대하지 않는다 • 94
부하에게 기대하지 않는다 • 99
동료에게 기대하지 않는다 • 103
사내 평가에 기대하지 않는다 • 108

4장 • 돈에 기대하지 않는 습관

돈에 기대하지 않는다 • 118
투자에 기대하지 않는다 • 122
급여에 기대하지 않는다 • 127
연금에 기대하지 않는다 • 132
저금에 기대하지 않는다 • 136
절약에 기대하지 않는다 • 141

5장 • 사회에 기대하지 않는 습관

정치에 기대하지 않는다 • 150
미디어에 기대하지 않는다 • 154
행정에 기대하지 않는다 • 158
안전에 기대하지 않는다 • 163
평화에 기대하지 않는다 • 167
해외생활에 기대하지 않는다 • 171

맺음말 • 176

1장

나에게 기대하지 않는 습관

> **❝ 자신에 대한 기대를
> 그만두고 싶지만…❞**

1. 실패가 두려워 첫걸음을 내딛지 못하는 나

2. 자기 객관화가 안 돼서 현실 감각이 떨어지는 나

3. 타고난 능력이나 노력이 있어야 성공한다고 생각하는 나

4. 예기치 못한 일에 대처하기 어려운 나

5. '하고 싶은 일'이 우선인 나

6. 성과만 올리면 인생이 평탄하다고 믿는 나

7. 남들과 똑같은 가치관을 갖고 사는 게 편한 나

인생에
기대하지 않는다

"인생에 기대하지 마라!"

내가 자주 하는 말이다. 이런 마인드를 가져야 인생을 살아가는 데 이점이 많기 때문이다. 현대 사회에서 우리는 많은 중압감을 감당해야 하고, 사회적 체면도 신경 써야 한다. 그래서 '남의 시선이 의식된다'라고 느끼는 사람이 많다. 아마 현대 사회를 살아가는 사람 대부분이 그럴 것이다. 소셜 미디어의 보급은 이런 분위기에 박차를 가했다.

남의 시선을 의식하면서 사는 인생은 갑갑할 수밖에 없다. 바로 이 지점에 내가 전하고 싶은 메시지가 있다. 남의 시선과 남의 평가를 너무 의식하면, 사는 게 힘들어지고 정신적 고통을 겪게 된다. 그런 사람에게 필요한 것이 '인생에 기대하지 않는 자세'다.

'남의 눈이 신경 쓰이는 이유'는 남에게 잘 보이고 싶은 마음이 있기 때문이다. '남에게 잘 보이고 싶은 마음'이 생기는 이유는 '남에게 잘 보일 가능성'이 있다고 생각하기 때문이다. 만약 그 가능성이 전무하다면, 남의 시선에 무관심하게 될 것이다. 예를 들어 고백해서 차일 가능성이 백퍼센트인 상대라면 그 사람 앞에서 그다지 긴장하지 않을 것이다.

인생에 기대하지 않으면, 실패에 대한 두려움도 사라진다.
이런 마음가짐은 현대 사회를 살아가는 데 매우 중요하다. 내가 인생을 즐겁게 살고 있는 이유는 행동량이 많아서다. 직업 특성상 인생을 즐기는 사람을 많이 만나보았는데 그들의 공통점은 행동량이 압도적으로 많다는 것이다. 반면, 인생이 그다지 즐겁지 않다는 사람과 이야기해 보면 행동력이 부족한 경우가 많다. 나의 저서 《이동하는 사람은 잘된다(移動する人はうまくいく)》(국내 미발간)는 운이 좋게 베스트셀러가

됐는데, 이러한 결과는 행동하는 데 어려움을 겪는 사람이 많다는 방증이다.

실패에 대한 두려움은 행동을 막는 원인이 된다. 그러나 '인생에 기대하지 않는 자세'를 가지면 그 두려움에서 벗어날 수 있다. '잘 안 되면 어쩌지?' '창피당하면 어쩌지?' 이런 생각이 행동력의 발목을 잡는다. 인생에 기대하지 않으면 이런 두려움에서 해방될 수 있다. **기대가 없으면 실패라는 개념 자체가 존재하지 않기 때문이다.** 기대는 어떠한 결과를 바라는 일이다. 그래서 결과를 얻지 못하면 '실패'라고 느낀다. 처음부터 아무런 기대가 없다면 어떤 결과가 나와도 '실패'가 아니다. 그저 '결과'일 뿐이다.

인생에 기대하지 않는 사람은 '어떻게 될지 몰라도 일단 해 보자'라는 자세로 도전한다. 결과가 좋든 나쁘든 그건 단순한 '결과'일 뿐이다. **실패라는 개념이 없기 때문에 두려움도 없다.** 실패에 대한 두려움이 사라지면 현대 사회를 살아가는 데 강력한 무기를 얻은 것과 같다. 급변하는 시대에서 새로운 일에 도전하는 용기는 필수이기 때문이다.

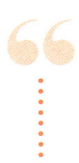
인생에 대한 기대감을 버리면
실패라는 개념이 사라지고,
새로운 도전을 할 수 있는 용기가 생긴다.

능력에
기대하지 않는다

"스스로 안 된다고 생각해라!"

이 말은 인생을 살아가는 데 있어 중요한 마음가짐이다. 세간의 자기 계발서에는 '할 수 있다'라는 자신감이 중요하다고 쓰여 있다. 분명 그것도 중요하다. 다만 그렇게 못하기 때문에 우리는 보통 사람인 것이다.

그럼 어떤 자세로 인생을 살아가야 할까? 내가 주장하고 싶은 것은 '자신의 능력에 기대하지 않는 자세'다. 언뜻 소극적인 태도로 보일 수 있지만, 이런 마음가짐은 인생을 여유롭게 만드는 열쇠가 된다.

자신의 능력에 기대하지 않을 때 얻을 수 있는 최대 이점은 자기 객관화가 가능해진다는 점이다. 사람은 기본적으로 자신을 과대평가하는 경향이 있다.

흔히 일본 사람은 자기긍정감이 낮다고 하는데, 이것은 과대평가에 대한 반증이다. 자신에게 기대하고 있다는 증거다. 다시 말해, 현실을 똑바로 보지 못하고 자신을 객관적으로 인식하지 못한다. 이런 경향은 현실을 직시하는 데 방해가 된다. 반면, 자신의 능력에 기대하지 않는 사람은 자신을 보다 냉정하게 볼 수 있다. 일이 잘될 때도, 잘 안 될 때도 그것을 단순히 '사실'로 받아들인다. 이러한 **객관적인 관점이 자기 성장의 열쇠가 된다.**

편집자로 일할 때 내가 만든 책이 연이어 베스트셀러가 되자 나의 콧대는 하늘을 찔렀다. 나 자신을 너무 높이 평가해서 뭐든 할 수 있다고 생각했다. 하지만 나보다 젊고 능력 있는 편집자를 만났을 때 현실의 벽을 느꼈고, 편집자보다는 마케터로 살아남아야겠다고 마음을 고쳐먹었다. 만약 편집자로서의 내 능력을 객관적으로 보지 못했다면, 결과는 지금과 달라졌을지도 모른다.

객관적인 관점은 인생의 전략을 짜는 데 꼭 필요하다. **지금 내가 어느 지점에 있는지, 현 지점을 파악해야 정확한 목표를 설정할 수 있기 때문이다.**

그런데 세상에는 목표가 너무 많다. '어떻게 해야 목표를 달성할 수 있을까?' '어떤 목표가 좋을까? 등등. 분명 목표는 중요하다. 그러나 자신의 현 지점을 모르면, 나아갈 방향조차 정하지 못한다. 예를 들어 목적지가 도쿄(東京)라면 내가 홋카이도(北海道)에 있는지 규슈(九州)에 있는지 정확히 알아야 가는 길을 정할 수 있다. 현재 어디에 있느냐에 따라 진행 방향이 달라진다. 그런데 현 지점을 모른 상태로 목표를 세우는 데만 몰두하는 사람이 많다.

자신의 현 지점을 알려면 어떻게 해야 할까? 정답은 세상을 아는 것이다. 동네에서 1등인 사람이 전국에서는 1만 등이 되는 경우는 흔한 일이다. 무엇보다 자신의 시야를 나날이 넓혀 나가는 것이 중요하다. 한 가지 주의해야 할 점은 '자신의 능력에 기대하지 않는 자세'가 결코 '자기 비하'가 아니라는 점이다. 오히려 **자신의 현 상황을 냉정하게 받아들이고, 앞으로 성장해 나가려는 자세다.**

자기 객관화 능력은 인생의 다양한 상황에서 유용하게 발휘된다. 일할 때나 취미 생활을 할 때, 인간관계에서도 이 자세로 임하면 더욱 풍부한 경험을 쌓을 수 있을 것이다. 성과는 결과에 불과하다. 결과를 기대하지 말고 올바른 행동을 담담히 이어 나가면 된다. 우리의 시야는 어쩔 수 없이 좁아지게 마련이기 때문에 늘 자신을 업데이트해야 한다고 강조하고 싶다.

> 스스로 과대평가하지 않고,
> 자기 객관화를 통해 현실을 파악하면
> 나아가야 할 길이 보인다.

노력에 기대하지 않는다

"결과는 우연일 뿐이다."

우리는 어릴 때부터 "열심히 하면 꿈이 이루어진다"라고 배운다. 그러나 현실은 그리 단순하지 않다. 타고난 능력, 노력, 그리고 우연이 복잡하게 얽혀 인생을 만든다. 일본에서 한때 '부모 뽑기(親ガチャ, 자식은 부모를 선택할 수 없다는 의미에서 부모를 뽑기에 비유하는 신조어—옮긴이)'라는 말이 유행한 것처럼, 타고난 능력과 유전 사이에는 밀접한 관련이 있다. 한 연구에 따르면, 교육 달성도(학력)의 약 40%가 유전적 요인에 의해 결정된다고 한다. 또한 유전적 영향이 크다고 알려

진 지능 지수(IQ)의 유전율은 50~80% 정도에 달한다고 한다. 이것은 일란성 쌍둥이와 이란성 쌍둥이의 비교 연구, 입양아 연구 등을 통해 도출한 결과다.

그런데 주의할 점이 한 가지 있다. 유전적 요인이 크다고 해서 환경의 영향이 작다는 뜻은 아니다. 오히려 유전과 환경은 복잡하게 상호 작용한다. 이것이 **'유전자 환경간 상호 작용(Gene-environment interaction)'**이라고 불리는 현상이다. 예를 들어, 스트레스 조절에 관여하는 유전자의 변이가 어린 시절의 학대 경험과 상호 작용하면, 우울증 발병에 영향을 준다고 알려져 있다. 동일한 유전자를 갖고 있어도, 환경에 따라 영향이 다르게 나타날 수 있다고 해석할 수 있다.

이렇듯 타고난 능력은 확실히 유전적 영향을 많이 받지만, 유전이 결정적인 역할을 하는 것은 아니다. 오히려 우리의 능력은 유전과 환경의 복잡한 상호 작용 속에서 형성되고 발전해 나간다.

환경 또한 통제할 수 없다. 우리는 유전자뿐 아니라 환경도 부모의 영향을 크게 받으며, 육아 환경은 인격 형성에도 큰 영향을 미친다. 그렇지만 실망할 필요는 없다. 인생에는 우연적 요소가 크게 작용하기 때문이다.

나는 대학 졸업 후 취직도 못 하고 한동안 아르바이트를 하며 지냈다. 미국에서 빈둥대며 일용직으로 생계를 이어 나가던 시절도 있다. 그러다 28세에 우연히 신문 구인 광고를 보고, 출판사에 지원해 입사했다. 그때부터 편집자로 일하며 연이어 베스트셀러를 만들었다. 10년 동안 약 1,000만 부 이상의 책을 만들어 왔기에 지금 이 자리에 있을 수 있다.

다양한 경험을 쌓고 보니, 인생에는 노력보다 우연이 더 중요한 요소가 아닐까 하는 생각이 든다. 그러던 중에 스탠퍼드대학교(Stanford University)의 존 D. 크럼볼츠(John D. Krumboltz) 교수가 주장한 '계획된 우연성 이론(Planned Happenstance Theory)'을 알게 됐다.

'계획된 우연성 이론'은 커리어 개발에 초점을 둔 이론이지만, 인생 전반에 적용할 수 있는 사고방식이다. 이 이론의 핵심은 우연을 단순히 운이나 불운으로 여기지 않고 기회로 적극 활용하는 점에 있다. 크럼볼츠 박사가 주장하는 '계획된 우연성 이론'에서는 호기심·지속력·유연성·낙관주의·위험 감수(Risk taking)를 중시한다. 이런 기술을 발달시키면, 우연을 보다 좋은 기회로 바꿀 수 있다.

아무리 자신의 처지를 한탄해도 타고난 것은 바꿀 수 없다. 그렇기에 노력이 반드시 결실을 맺는다고 보장할 수 없다. 다만, 크럼볼츠 박사의 이론대로 우연을 활용하면 인생을 좋은 방향으로 이끌어갈 수 있다. 다음으로 인생에 우연성을 적극 끌어들이기 위한 4가지 방법을 추천한다.

- ▶ 자신을 이해하려면 타고난 능력을 인정한다.
- ▶ 노력을 보상받으려 하기보다는, 우연성을 끌어들이는 수단으로 활용한다.
- ▶ 가본 적 없는 곳에 가보는 등 우연성이 잠재된 환경에 처해 본다.
- ▶ 실패를 두려워하지 말고 행동한다.

결국, 인생은 **우연의 연속**이다.

> 자신의 한계를 원망하기보다는
> 적극적으로 우연성을 끌어들이고,
> 기회로 활용한다.

"목표는 필요 없다."

우리는 어릴 적부터 '목표를 세우는 것이 중요하다'라고 배운다. 그런데 실제로는 목표에서 자유로운 사람이 인생을 더 여유롭게 살 가능성이 높다. 특히 수치화된 구체적인 목표는 예기치 못한 폐해를 불러올 수 있다. '목표에 기대하지 않는 자세'는 자칫 부정적으로 보일 수 있지만, **실제로는 자유롭고 유연한 삶의 태도로 이어진다.**

목표를 설정하는 행위에는 몇 가지 중대한 오류가 있다는 사실을 알아야 한다. 우선, 목표가 고정돼 있으면 시야가 좁아진다. 현대 사회는 한 치 앞을 예측할 수 없는 시대다. 변화가 빠른 시대이기도 하다. 한 번 목표를 설정하면, 시야가 좁아져 시대의 변화에 둔감해진다.

또한 수치화된 목표에 몰두하면 오로지 수치에 초점을 맞추게 되어 인생의 즐거움이나 의미를 잃어버릴 수 있다. 목표를 달성하지 못하면 자존감이 하락하고, 반대로 목표를 달성해도 공허감이 찾아오기도 한다. 그 이유는 목표 달성을 자기 평가와 연결 짓기 때문이다. 인간의 가치를 단순한 숫자로 측정할 수는 없다.

그런데 더 심각한 문제는 정신 건강에 미치는 악영향이다. 수치화된 목표 달성을 고집하면 만성적 스트레스와 불안감을 겪을 수 있다. 장기적으로는 정신 건강이 악화될 가능성도 있다. 정신 건강이 더욱 중요하게 대두되고 있는 현대 사회에서 과도한 목표 설정은 정신 건강을 해치는 요인이 될 수 있다.

우리는 변화가 빠르고 예측 불가능한 시대에 살고 있다. 삶의 방식을 한 가지 목표로만 설정하면 위험 부담이 크다.

따라서 이 사회에서는 목표를 세우지 않는 편이 더 낫다.

이제는 '돈을 벌면 성공한다'라는 생각도 구시대적이다. 점차 변화하는 시대 속에서 인생의 특정 목표만을 고집하는 것은 위험한 생각이다. 특정 목표에 얽매이지 않아야 자신의 진정한 흥미나 열정을 탐구하는 시간과 마음의 여유가 생긴다. 많은 사람이 사회의 기대와 주변의 압박에 의해 자신이 정말로 원하는 것을 놓치고 산다. 목표에서 해방되어야 진정으로 자기 자신을 탐구할 수 있게 된다.

물론 모든 목표가 나쁜 것은 아니다. 나는 **3개월 정도의 단기적인 목표는 필요하다**고 생각한다. 특히 단기 목표는 일을 진행하는 데 있어서 중요하다. 3개월 단위의 목표에는 우연적 요소가 들어갈 여지가 적기 때문에 그만큼 행동한 그대로 결과가 나온다.

단기적인 목표 달성으로 결과를 내고, 장기적으로는 목표 없이 시야를 넓혀가는 것. 이렇게 반복하는 것이 인생을 잘 살아가는 방법이다.

이러한 사고방식은 **'이펙추에이션 이론(Effectuation theory**, 버지니아대학교 다든경영대학원 교수이자 저명한 학자 사라스

사라스바티가 개발한 이론—옮긴이)'과 깊은 관련이 있다. 이펙추에이션 이론은 불확실한 상황에서의 의사 결정 과정을 설명하며, 특히 기업가의 사고 과정을 이해하는 데 중요한 이론이다.

　이 이론은 먼저 자신이 갖고 있는 자원에서 시작하는 것을 추천한다. 앞서 설명한 자신의 현 지점을 직시하는 것과 같은 맥락이다. 다시 말해 먼 미래의 거창한 목표를 세우기보다는 지금 자신이 갖고 있는 것(지식, 기술, 인맥 등)에서 출발하여 거기서부터 가능성을 넓혀 나가는 접근 방식이다. 우선은 지금 당장 활용할 수 있는 자원과 능력에 초점을 맞춘다.

　앞서 설명한 단기적인 목표 설정은 바로 이 원칙과 일치한다. 단기간인 3개월 동안에 현재 자신이 보유하고 있는 능력이나 자원을 최대한 활용하는 데 초점을 맞춘다. 또한 예기치 않은 사건이나 상황을 새로운 기회로 전환하는 것도 중시한다. '계획된 우연성 이론'과도 일치하는 내용이다.

　결국 중요한 것은 환경을 컨트롤하지 않고, 자신의 행동을 통해 미래를 만들어 나가는 자세다. 이펙추에이션 이론을 발판 삼아 '기대하지 않는 자세'로 살아간다면, 훨씬 창조적이고 적응력이 강한 인생을 설계할 수 있다. 거창한 목표를 고집하기보다는 지금 자신이 가진 자원을 최대로 활용해 작은 도전을 쌓아나간다. 그리고 예기치 않은 일도 유연하게 받아들여 새로운 기회로 바꾼다.

이러한 접근 방식은 급속도로 변화하는 현대 사회에도 적합하다. 지금은 고정적인 장기 목표보다 상황에 맞춰 유연하게 대응할 수 있는 능력을 갖추는 것이 중요한 시대이기 때문이다.

> 단기 목표를 세우고
> 자신의 자원, 능력을 최대로 활용한다.
> 작은 도전을 쌓아나가며 가능성을 넓힌다.

'하고 싶은 일'에 기대하지 않는다

"하고 싶은 게 없어요."

나에게 상담을 받으러 오는 사람들이 흔히 하는 말이다. 내가 "하고 싶은 게 없어도 돼."라고 말하면 다들 놀란 얼굴을 한다. 동시에 "안심이 되네요."라고 말하는 사람도 있다.

무슨 이유에서인지 요즘 사회에는 하고 싶은 것이 없으면 안 된다는 분위기가 만연해 있다. 그 원인 중 하나가 미디어다. 영향력이 있는 사람들은 대부분 자신이 하고 싶은 일을 실현해 왔다. 이들은 발언권이 강하다. 출판 업계에서 오래 일해 온 경험으로 짐작건대, 책을 쓰는 사람은 특별한 능력을 갖추고 있는 경우가 많다. 미디어에 나오는 사람도 마찬가지일 것이다. 즉, 특출한 일부 사람의 생각이 세상에 만연해 있다. 그래서 하고 싶은 것이 없으면 안 된다고 생각하는 사람이 많아졌다. 극단적으로 말해서 성공한 1%의 의견이 세상의 99%를 차지하는 상황이다.

나는 오히려 하고 싶은 게 없어도 된다고 말한다. 많은 사람이 이루고 싶은 것은 사실 **사회나 주변의 기대, 미디어의 영향 등에 의해 형성된 '가짜 욕구'**일 가능성이 크기 때문이다.

하버드대학교(Harvard University)의 대니얼 길버트(Daniel Gilbert) 교수가 수행한 일련의 연구는 인간의 의사 결정과 장래 예측에 관해 흥미로운 통찰을 제공한다. 길버트 교수의 연구에 따르면 인간은 **자신이 원하는 것을 정확히 예측하기가 매우 어렵다**고 한다. 이 현상은 **'정서 예측의 오류(Affective forecasting Errors)'**라고 불리며, 우리가 미래 자신의 감정이나 욕구를 예측할 때 구조적인 오류를 범할 수 있음을 시사한다.

예를 들어, 어느 실험에서 참가자에게 희망 급여 금액을 물었더니, 대부분 참가자가 현재 생활 수준보다 훨씬 높은 금액을 말했다. 그런데 실제 수입이 늘어난 사람들을 추적 조사한 결과, 예상한 만큼 행복감이 높아지지 않았다. 이것은 우리가 물질적인 욕구의 만족이 행복에 미치는 영향을 과대평가하는 경향이 있음을 나타낸다.

또 다른 연구는 우리의 욕구가 사회적 영향을 강하게 받는 것을 밝혀냈다. 우리는 때때로 타인이 원하는 것을 따라서 원하게 되는 경향이 있다. 이것은 '사회적 증거(Social Proof)'라고 불리는 심리 현상으로 인간의 근본적인 특성 중 하나다.

사회적 증거의 원리에 따라 우리는 주변 사람들의 행동이나 선택을 관찰하고, 그것을 정답으로 받아들여 모방하려고 한다. 이러한 경향은 소비 행동이나 인생의 중요한 결정에서도 현저히 나타난다. 예를 들어 특정 직업이나 학문 분야를 선택할 때, 그 분야의 사회적 평가가 선택에 큰 영향을 미친다. 또한 유행하는 상품을 구입하거나 유명한 장소에

여행을 갈 때도 타인의 선택에 영향을 받을 때가 많다.

이렇듯 사회적 영향은 우리의 의사 결정에 유익한 정보를 제공하기도 하지만, 동시에 개인의 진정한 욕구와 적성을 잃게 만들 위험성이 있다. 길버트 교수의 연구는 우리가 자율적으로 선택하지 못한다는 결과를 보여준다. 당연히 이러한 가짜 욕구는 실현되지 않는다. 우리 내면에서 우러나오는 열정과 흥미에 뿌리를 두지 않기 때문이다. 이러한 외적 동기(타인의 기대, 사회적 평가 등)에 기반한 목표는 내적 동기(순수한 흥미와 즐거움)에 기반한 목표에 비해 달성 가능성이 낮으며, 만약 달성되어도 만족도가 낮다는 것을 예상할 수 있다.

우리가 '하고 싶어하는 것'이 **대부분 과거의 가치관에 바탕을 두고 있는 점**도 우려된다. 취향은 지금까지 쌓아온 경험과 학습에 근거해 형성된 가치관의 산물에 불과하다. 그러나 세상은 급속하게 변화하고 있다. 과거의 가치관은 현재와 미래에 부정적인 영향을 끼칠 수도 있다. 과거의 가치관은 부모에게서 받은 영향이 크다. 당연하게도 부모와 동일한 가치관으로는 시대를 따라갈 수 없다.

나는 젊은 친구들을 접할 기회가 많은데 부모의 영향력에서 벗어나지 못한 아이들이 많다. 다시 말해서 부모의 선택을 무의식적으로 따라 하고 있다. 부모가 누구나 인정할 만큼 성공한 사람이라면 모를까 대부분은 그렇지 않다. 만약 부모의 가치관을 따르면 시대의 흐름에 역행하게 된다. 내가 저서 《부모는 100% 틀렸다(親は100％間違っている)》(국내 미발간)를 펴낸 이유다.

중요한 것은 '하고 싶은 일'을 정해두지 않고, 그 대신 새로운 경험과 학습에 개방적인 자세를 갖추는 것이다. 그리고 새로운 일에 도전해 새로운 가치관과 흥미를 끌어내는 것이다. 이것은 앞서 설명한 이펙추에이션 이론과도 상통하는 사고방식이다.

결국 인생의 진짜 가치는, 이미 정해 놓은 '하고 싶은 것'을 실현하는 것이 아니라 그 과정에서 얻은 경험과 성장, 거기서 느낀 즐거움과 만족감에 있는 것이 아닐까?

> 타인의 선택과 과거의 가치관에 얽매여
> 가짜 욕구를 실현하는 것보다
> 새로운 가치관과 흥미를 찾아내는 것이
> 중요하다.

성과에
기대하지 않는다

"경력이 없어서 안 돼요."

상담할 때 자주 듣는 말이다. 그때마다 '처음부터 경력이 있는 사람은 없다'라는 생각이 든다. 우리는 어릴 적부터 '경력을 쌓는 것이 중요하다'라고 배워 왔다. 이력서에는 학력과 경력을 기재하고, 면접에서는 과거에 이룬 성과를 설명한다. 그러나 성과는 생각보다 중요하지 않다.

나는 과거에 많은 베스트셀러를 편집했다. 30대 초반에는 '책을 냈다 하면 베스트셀러'에 올랐고, 금세 기고만장해졌다. 50대가 된 지금도 그때와 같은 성과를 낼 수 있다고 하면 거짓말일 것이다. 다만 지금은 그때보다 창의력은 떨어지지만, 경험과 인맥으로 부족한 부분을 보완하고 있다. 실제 30대 때보다 수입도 늘었다. 다시 말해서 현재의 능력과 과거의 능력은 전혀 다르다는 이야기다. 나는 과거에는 창의력으로, 현재는 경험과 인맥으로 일하고 있다.

성과란 현재를 위해 이용하는 것이며, 성과 자체는 현재와 관계가 없다. 과거 홈런왕이나 금메달리스트가 은퇴 후에는 현역 때와 같은 능력을 발휘할 수 없는 것도 마찬가지다.

실제 성과는 미래와도 관련이 없다. 과거의 성공이 장래의 성공을 보장하지는 않는다. 오히려 과거의 성공에 연연하면 새로운 가능성을 놓칠 위험성이 있다. 하버드대학교의 클레이튼 크리스텐슨(Clayton M. Christensen) 교수가 주창한 **'혁신 기업의 딜레마(The Innovator's Dilemma)'** 이론은 이런 현상을 명확하게 설명한다.

크리스텐슨 교수의 연구에 따르면, 업계를 선도하던 기업이 새로운 기술이나 시장의 변화에 적응하지 못하고 쇠퇴하는 경우가 많다. 그 이유는 과거의 성공 경험과 기존 고객 기반에 얽매여 있는 탓에 파괴적 혁신을 놓치기 때문이다. 이 이론은 개인의 커리어에도 적용할 수 있다. 과거의 성과만 고집하면, 새로운 기회와 가능성을 놓칠 위험성이 있다.

그러니 **'경력이나 성과가 없다고 해서 포기할 필요는 없다'**. 스탠퍼드대학교 캐롤 드웩(Carol S. Dweck) 교수가 분석한 '성장 마인드셋(Growth Mindset)'의 개념은 이러한 사고방식을 뒷받침한다.

드웩 교수의 연구에 따르면, '능력은 고정적인 것이 아니라 노력에 따라 성장시킬 수 있다'라고 믿는 사람이 장기적으로 높은 성과를 올리는 경향이 있다. 다시 말해 현재 성과가 없어도 학습과 성장의 기회로 삼고 노력하면 장래에 큰 성공을 이룰 가능성이 있다. 처음부터 성과가 있는 사람은 없다. 애플의 스티브 잡스, 마이크로소프트의 빌 게이츠, 아마존의 제프 베이조스, 테슬라의 일론 머스크 등 현대를 대표하는 기업가들도 처음에는 무명의 청년에 불과했다.

인지 과학에서는 **'뇌는 과거의 중요한 것밖에 보지 못한**

다'라고 한다. 우리가 의식하지 않으면, 과거의 연장선상에 놓인 미래밖에 볼 수 없다. 이런 위험성이 있는데도 과거의 성과에 연연하면, 늘 정해진 인생을 살 수밖에 없다. 결국 인생의 가치는 결과나 성과 자체가 아니라 그 과정에서 얻은 경험과 지식이다. 성과는 뒤따라올 뿐이다. 이용할 수 있을 때 잘 쓰면 되고, 그렇지 않다면 무시해도 된다.

> 성과는 현재를 위해 이용하는 것.
> 성과가 없다면 학습과 성장의 기회로 삼아
> 장래의 성공으로 이어 나간다.

나의 가치관에
기대하지 않는다

"그 가치관은 가짜다."

우리는 어릴 적부터 자신의 가치관을 중요시해야 한다고 배웠다. 그런데 그 가치관은 가짜인 경우가 많다. 우리가 '나의 가치관'이라고 믿고 있는 것은 대부분 남에게 강요된 가치관일 가능성이 높기 때문이다.

많은 연구에 따르면 '부모의 가치관'은 가정에서 나누는 대화나 행동을 통해 자식에게 전달되어 '아이의 가치관' 형성에 영향을 미친다고 밝혀졌다. 우리가 '나의 가치관'이라고 생각하는 것은 사실 **부모에게 '세뇌'된 결과**일 가능성이 크다. 한 남성이 있다. 그는 어릴 적 부모에게서 '남자는 가족을 부양해야 한다'라는 가치관을 배웠다. 그래서 자신의 진짜 흥미나 재능과 관계없이 고수입 직종을 추구하게 된다. 그런데 그 과정에서 자신의 진정한 열정을 잃고, 마음 깊은 곳에는 채워지지 않는 갈망이 자리하게 된다. 부모의 가치관에 얽매이는 위험성을 나타내는 예시다.

미디어의 영향도 무시할 수 없다. 가치관 형성에는 매스 미디어, 소셜 미디어가 큰 영향을 미친다. 특히 젊은 세대의 가치관 형성에 있어서 소셜 미디어의 영향력은 해마다 커지고 있다.

한 젊은 여성은 매일 소셜 미디어를 통해 '멋져 보이는' 삶을 사는 사람들의 게시물을 접한다. 그러면 무의식중에 자신도 그러한 삶을 살아야 할 것 같은 가치관이 형성된다. 결국 자신의 진짜 흥미나 가치관과 관계없이 남들에게 보여주기식 생활을 추구하게 된다. 이것은 미디어의 영향이 개인의 가치관 형성에 미치는 폐해를 보여준다. **한시라도 빨리 타인에 의해 만들어진 가치관에서 벗어나는 것이 중요**하다.

우리는 어떻게 해야 세뇌된 가치관에서 벗어날 수 있을까? 내가 강조하고 싶은 것은 **환경의 변화**다. 물리적으로 환경을 바꾸는 것, 쉽게 말해 이직·이사 등을 들 수 있다. 나는 종종 젊은 친구들에게 이렇게 조언한다. 이직과 이사를 동시에 실행한 사람은 인생이 좋은 방향으로 흘러간다고.

환경을 바꾸기 어렵다면 **인간관계를 재정립**해 보자. 무엇보다 가까운 인간관계를 바로 잡아야 한다. 구체적으로는 가족이나 동료, 친한 친구와의 관계다. 물론 가까운 사람들, 특히 가족과 거리를 두기는 매우 어렵다. 하지만 인생을 극적으로 바꾸고 싶다면 일정 기간만이라도 시도해보는 것은 어떨까.

지금까지 얽매였던 가치관에서 벗어났다면 다음은 새로운 가치관을 형성할 차례다. 이때 중요한 것이 지식과 경험이다. 먼저 가치관의 다양성을 인식하지 못하면, 스스로 어떠한 가치를 찾아야 할지 깨닫지 못한다.

예전에 라오스에서 학교를 짓는 프로젝트에 참가했을 때, 현지 초등학생에게 장래 희망을 물어본 적이 있다. 아이들은 의사, 선생님, 경찰 중 하나를 선택했다. 즉, 사람은 자신이 알고 있는 것밖에 선택하지 못한다. 마찬가지로 다양한 가치관을 알아야 자신에게 맞는 가치관을 찾을 가능성이 높아진다. 지식과 경험을 쌓다 보면 새로운 가치관을 많이 접할 수 있다. 그 과정을 통해 자신의 가치관을 형성할 수 있다.

　가치관을 확립하면, 자신의 역할이 명확히 보이고 내면이 단단해진다. 내적 동기가 지속되면서 행동력이 강해지고 성과도 얻을 수 있다. 성과가 쌓이면 새로운 기회도 늘어나 인생을 알차게 살 수 있다.

> **지식과 경험을 쌓고
> 다양한 가치관을 접해야
> 자신만의 가치관을 확립할 수 있다.**

행동력과 행복도를 높이는 연습 1

- ☑ 남의 시선을 지나치게 신경 쓰지 않는다.
- ☑ 자기 객관화를 통해 현 상황에서 성장하려는 자세를 갖춘다.
- ☑ 호기심과 지속력, 유연성 등 자기 계발 능력을 향상한다.
- ☑ 실패를 두려워하지 말고 행동해 우연한 기회를 잡는다.
- ☑ 장기적인 목표가 아닌, 3개월 단위의 단기적 목표를 세운다.
- ☑ 내적 동기로 생긴 '하고 싶은 것'을 중요시한다.
- ☑ 성과가 없어도 절대 포기하지 않는다.
- ☑ 자신의 가치관으로 믿고 있는 것을 의심해본다.
- ☑ 세뇌된 가치관에서 벗어나기 위해 환경을 바꾼다.

2장

타인에게 기대하지 않는 습관

> "타인에 대한 기대를
> 그만두고 싶지만…"

1. 의사 결정이 어려운 나

2. 자식의 행동에 사사건건 간섭하는 나

3. 가족끼리 당연히 서로 도와야 한다고 생각하는 나

4. 친구는 없으면 안 되는 존재이며, 많을수록 좋다고 여기는 나

5. 자식 교육은 교사에게 맡기면 된다고 믿는 나

6. 소셜 미디어를 통해 늘 누군가와 소통하고 싶은 나

부모에게
기대하지 않는다

"부모는 100% 틀렸다."

이 말은 나의 두 번째 저서 제목이기도 하다. 우리는 어린 시절부터 부모를 존경하고, 부모의 말에 따라야 한다고 배운다. 많은 사람이 부모를 인생의 길잡이로 삼고, 부모의 기대에 부응하기 위해 열심히 노력한다. 그런데 부모의 기대에 부응하려고 하면 할수록, 인생은 내가 원하지 않는 방향으로 흘러간다. 내가 "부모는 100% 틀렸다"라는 메시지를 강하게 주장하고 있는 이유다.

부모도 사람이기 때문에, 좋은 사람이 있으면 나쁜 사람도 있다. 모든 부모를 부정하라는 의미가 아니다. 다만 한 번쯤은 자신의 부모에 대해 생각해 볼 필요가 있다는 말이다. 그랬을 때, 과연 내 부모가 아니어도 존경할 수 있을 것인가?

나도 한 아이의 부모이기에 육아의 고충을 잘 안다. 지금까지 인생에서 다양한 경험을 해 왔지만, 육아가 가장 힘들다고 말할 정도다. 어떤 부모라도 육아는 처음이기 때문에, 서툰 것이 당연하다. 마음을 강하게 먹고 육아에 임해야 한다는 것이 내가 내린 결론이다.

우리는 실패를 겪으며 교훈을 얻는다. 육아는 그야말로 실패의 연속이다. 애초에 육아에는 정답이 없어 더 부담되고 어렵게 느껴진다. 좋은 학교에 가려고 어린 나이부터 입시 전쟁을 치르는 이유도 육아에 정답이 없다는 불안감 때문에 부모가 학교에 의존하고 있기 때문이다. 부모도 어떻게 해야 좋을지 모르는 것이 현실이다.

그런 환경에 놓인 부모에게 기대할 수 있을까? 예를 들면 인턴사원한테 창업을, 경영을 못 하는 사람한테 경영을 배우고 있는 꼴이다. 그런데도 우리 사회에서는 '부모는 무조건 존경해야 한다'라고 아이를 세뇌하며 키우고 있다. 이런 관행은 부모 입장에서도 괴로운 일이다. 인간은 본래 약한 존재이며, **부모도 자식에게 기대를 받지 않는 것이 더 편할 수 있다.**

그런데 이런 상황에도 부모 말만 따르는 아이들이 의외로 많다. 나 같은 단카이 세대(団塊の世代, 일본의 제2차 베이비붐 세대를 말한다. 통상적으로 1970~1974년생―옮긴이)는 부모에게 반항하는 것이 당연한 일이었다. 나도 펑크 록 밴드에 심취해, 부모와 교사를 비롯한 어른은 전부 믿지 않던 때가 있었다. 그런데 요즘 젊은 세대는 다르다고 한다. 오히려 그런 차이가 위기의식마저 불러일으킨다.

애초에 부모의 가치관은 현 시대에 맞지 않는다. 부모가 살아온 시대와 자식이 살고 있는 시대는 대략 30년 정도 차이가 난다. 부모의 가치관이 시대착오적인 것은 명백한 사실이다. 부모가 누구나 인정할 정도의 실력자가 아닌 이상, **부모의 조언은 틀렸을 가능성이 높다.**

게다가 자식을 위험으로부터 지키려고 하는 부모의 마음은, 자식이 어릴 때부터 위험한 상황에 노출되지 않도록 사전에 차단한다. 따라서 부모가 하는 조언은 위험성을 회피하는 경향이 있다. "안정된 직업을 선택해라." "모험은 피해야 한다." 등 보수적인 사고방식을 심어주기 쉽다.

안정적이라는 이유로 의료 종사자, 공무원을 추천하는 부모도 많을 것이다. 그러나 현대 사회에 안정이란 없다. 과거처럼 평생 한 직장에서 일하는 경우도 드물다. 게다가 시대가 너무도 빠르게 변화한다. 단언컨대 부모를 믿지 않는 편이 인생을 순탄하게 살아갈 수 있다.

그렇다면 어떻게 해야 부모에게 기대하지 않고 살아갈 수 있을까? **가장 간단한 방법은 거리를 두는 것**이다.

부모에게 기대하지 않으면, **부모의 기대에 부응하려고 하지 않고 스스로 의사 결정을 할 수 있게 된다.** 그러기 위해서는 다양한 지식과 경험을 쌓아야 한다. 그런 과정을 거치면 자신의 흥미와 재능을 발견할 가능성도 높아진다. 부모의 뜻대로 산다고 해서, 부모가 우리 인생을 책임져 주지 않는다. 자신의 가치관에 따라 솔직하게 사는 것이 훨씬 낫다.

> 내 인생을 책임지는 것은 오직 나 자신.
> 지식과 경험을 쌓아, 부모에게 의존하지 않고
> <u>스스로 의사 결정을 하자.</u>

자식에게 기대하지 않는다

"이름은 주술이다."

나는 종종 이런 표현을 쓴다. 부모는 "아이가 ○○처럼 자랐으면 좋겠다"라는 바람을 담아 아이의 이름을 짓는다. 부모는 '이름의 의미'를 자식에게 강조하는 경향이 있다. 물론 애정 표현의 하나라는 것은 안다. 그렇지만 솔직히 자식 입장에서는 별로 달갑지 않다.

이렇듯 우리는 태어날 때부터 부모의 뜻을 강요받고 있다. 부모가 자식에게 큰 기대를 걸고 있기 때문이다. "나중에 커서 ○○가 됐으면 좋겠다." "△△대학교에 들어가면 좋겠다." 등 부모는 당연한 것처럼 자신의 바람을 자식에게 강요한다. 그러나 실제로는 **자식에게 기대하지 않는 것이 자식의 성장과 건전한 부모 자식 관계의 구축으로 이어질 가능성이 크다.**

앞서 설명한 것처럼 우리의 능력은 유전적 요인에 크게 영향을 받는다. 자식에게 부담감을 주는 부모를 볼 때면, 자식이 자기보다 잘 되기를 기대하는 것은 가혹한 일이라는 생각이 든다. 많은 부모가 자신이 대단하지 않다는 현실은 외면하면서, 자식에게는 지나치게 기대한다. 부모의 높은 기대는 자식의 자존감 저하와 불안 장애를 일으킬 위험성이 높다는 연구 결과도 많다.

자식은 부모의 기대에 어긋나지 않으려고, 자신의 진정한 흥미와 재능을 무시하고 있는지도 모른다. 한 아빠는 아들이 의사가 됐으면 하고 간절히 바라고 있다. 그런 아빠의 기대에 부응해 아들은 어릴 때부터 의학 공부에 몰두했고, 다른 흥미를 추구할 기회를 놓치고 만다. 그런데 아들의 진짜 재능은 예술 계통이었을지도 모른다. 때로 부모의 기대는 자식의 가능성을 낮추기도 한다.

부모가 자식에게 지나치게 기대하고, 자식도 그 기대에 부응하려고 하는 경향은 건전한 자립을 방해하는 상호의존(공동의존, Codependency) 관계에 빠지게 한다. 상호의존 관계는 자식의 자기 결정 능력을 약하게 만들기 때문에 부모에게서 독립하지 못하게 한다.

예를 들어 한 엄마는 딸의 인생을 속속들이 관리하고 항상 '최선의 선택'을 하게 만든다. 딸은 엄마의 기대에 어긋나지 않도록 자신의 의사는 무시한 채 엄마가 원하는 길을 간다. 그렇게 딸은 점점 자립심을 잃어가고, 중요한 결단이 필요할 때마다 엄마에게 의존하게 된다.

많은 젊은 세대를 만나면서 느낀 점은 **자신의 의사를 스스로 결정할 수 있는 사람이 적다는 것이다.** 나는 초등학생 때부터 뭐든 스스로 결정했다. 그래서 그렇지 못한 사람을 보면 이상했다. 학교도 학원도 내 뜻대로 정했고, 직업을 선택할 때도 부모에게 상담해 본 적이 없다.

지금은 젊은 세대가 부모에게서 독립하지 못한다기보다

부모가 자식에게서 떨어지지 못하고 있다. 특히 엄마는 자식에게서 잘 못 떨어진다. 그 원인은 우리 사회에 있다. 일본과 같이 선진국 중에서도 여성의 사회 진출이 현저하게 낮은 나라에서는 여전히 많은 여성이 사회적으로 인정받기 어려운 상황에 놓여 있다. 그래서 엄마는 '부모'라는 정체성을 잃지 않기 위해 자식에게서 못 떨어지는 것이 아닐까? 이런 관점에서 본다면 여성의 적극적인 사회 진출이 부모와 자식 간의 상호의존 관계를 줄일 수도 있다.

'자식에게 기대하지 않는 자세'로 살면 **자식도 스트레스를 덜 받고, 더욱 자유롭게 자신을 탐구할 수 있다.** 부모 자식 관계도 훨씬 건강해지고, 개방적인 소통이 가능해진다. 자식의 자존감과 자기 효능감(Self-efficacy)도 높아져, 자신의 판단으로 인생을 선택할 수 있는 힘이 생긴다.

자식에게 기대하지 않으면 부모 역시 육아에 대한 스트레스에서 해방되어 자식의 성장을 즐겁게 받아들일 수 있다. 나는 아이가 있는 여성을 대상으로 비즈니스 교육을 실시해, 스스로 돈을 벌 수 있는 있는 힘을 길러주고 있다. 부모의 역할은 적절한 환경을 제공하는 것뿐이다. 스스로 돈을 벌어야 자식에게 의존하지 않게 되고, 경제적 여유가 생겨야 자식에게 좋은 환경도 제공할 수 있기 때문이다.

> 자식에 대한 지나친 기대는 독.
> 육아도 '기대하지 않는 자세'로 임하면
> 스트레스가 줄고,
> 자식의 자존감과 자기 효능감이 높아진다.

가족에게 기대하지 않는다

"살인 사건의 절반 이상은 가족 간에 발생한다."

이 사실을 알고 있는가? 구체적으로 연간 일본에서 일어나는 살인 사건의 발생 건수는 약 1,000건을 밑도는데, 그중 절반은 친족 간에 발생한 살인 사건이다. 약 20년 전부터 가족 관계가 주를 이루는 친족 간 살인 건수는 400건에서 500건대로 증가하고 있으며, 전체 살인 건수가 감소하는 추세에도 오히려 이 비율은 증가하고 있다. 우리는 어릴 적부터 가족은 가장 신뢰할 수 있는 존재라고 배워 왔다. '피는 물보다 진하다'라는 말이 상징하듯이 가족에 대한 기대와 의존은 당연한 것으로 여겨진다. 그러나 실제 '가족'은 어떤 면에서는 성가신 존재다. 가족 전체를 부정적으로 말하려는 의도가 아니다. **가족 관계를 과신하지 말라**는 이야기다.

가족에 대한 지나친 기대와 의존은 종종 심각한 문제를 일으킨다. 앞서 설명한 것처럼 일본의 범죄 통계에 따르면, 살인 사건의 절반 이상이 가족 간에 발생한다. 이 충격적인 사실은 가족 관계가 반드시 안전하고 원만하다고 단정할 수 없음을 시사한다.

한 연구에 따르면, 가족 간 살인의 대부분은 **오랫동안 쌓인 갈등이나 기대의 어긋남이 극한으로 치달아 발생한 결과**다. 가족이니까 괜찮다고 생각해 서로에게 지나친 요구와 기대를 한다. 이런 기대가 충족되지 않을 때, 극단적인 형태로 분노와 절망이 표출된다.

한 중년 남성은 오랜 시간 혼자서 부모를 간병해 왔다. 형제들이 멀리서 살고 있어 거의 도움을 받지 못했다. 그는 가족이기 때문에 형제들도 간병에 참여해야 한다고 기대했지만, 그런 기대는 계속해서 어긋났다. 특히 간병 문제가 극

심해지고 있는 현대 사회에서 이런 사례는 너무 많다.

가족의 중요성이 약해진 점도 친족 간 살인 사건이 증가한 원인 중 하나다. 과거 일본 사회에서 가족은 경제적 생존 단위이며, 노동력 측면에서도 서로 협력할 필요성이 있었다. 궁핍한 삶 속에서 가족 간의 유대는 살아가기 위한 필수 조건이었다. 그런데 현대 사회에서는 상황이 크게 달라졌다. 경제 발전과 사회 보장 제도의 확충으로 개인이 가족에게 의지하지 않고도 생활할 수 있는 환경이 갖춰졌다. 그런데도 많은 사람이 과거의 '가족관'에 얽매여 불필요한 기대와 의존을 지속하는 상황이다. 예를 들어 한 노부부는 '자식이 부모의 노후를 책임져야 한다'라는 낡은 가치관을 따르고 있다. 하지만 자식들은 본인의 가정과 일만으로도 빠듯해 부모의 기대에 부응할 수 없다. 이런 기대와 현실의 간극이 심각한 가족 불화를 조장하고 있다. 이렇듯 시대착오적 가족관은 큰 문제를 일으킬 수 있다.

캘리포니아대학교(University of California)의 연구에 따르면, 가족 간의 기대는 대체로 '암묵적 이해'를 바탕으로 하고 있어, 서로의 이해가 명확히 전달되지 않을 때가 많다고 한다. 그리고 이 '암묵적 이해'가 서로 다를 때, 심각한 대립이 발생할 수 있다.

또한 가족 관계에 있어서 금전적인 문제도 빼놓을 수 없다. 특히 상속을 둘러싼 문제는 형제자매 간에 심각한 대립을 불러일으킬 때가 있다. 실제 부모가 돌아가신 후 상속 문제로 다투어 절연하는 형제자매도 많다. 앞으로 유산 다툼은 더욱 증가할 것으로 보인다. 그 전에 간병 문제로 다툴 가능성이 더 높을지도 모른다.

결국 중요한 것은 **가족을 절대적인 존재로 보지 말고, 한 사람 한 사람 독립적인 개인으로 인식해 서로의 경계선을 존중**하는 것이다. 그러기 위해서는 경제적으로나 정신적으로 자립하는 것이 중요하다.

> 가족에게 지나친 기대와 요구는 금물.
> 낡은 가족관을 버리고 한 명 한 명 존중하면 원만한 관계를 유지할 수 있다.

친구에게 기대하지 않는다

"친구 100명 사귈 수 있을까? (일본 동요 '1학년이 되다면, 1年生になったら' 속 가사―옮긴이)"

이런 주술 같은 노래 가사가 있다. 우리는 사춘기가 되면 친구의 중요성을 깨닫는다. 친구가 많은 것이 행복의 상징처럼 여겨지고, 친구가 없으면 마치 인간으로서 가치가 없는 것처럼 느껴진다. 그러나 실제로는 '친구 100명 사귈 수 있을까?'와 같은 가사에 세뇌된 탓에, 불필요한 압박감을 느끼며 자란다. '토일렛 런치(トイレランチ)' 또는 '화장실 밥(便所飯)'이라는 단어를 들어본 적 있는가? 혼자 밥 먹는 모습을

들키기 싫어서 화장실의 칸 안에서 혼자 밥을 먹는 행위를 말한다. 타인의 눈을 지나치게 신경 쓰는 탓에, 자신의 편안과 존엄마저 희생한다.

비단 토일렛 런치뿐만이 아니다. 우리는 늘 타인의 눈을 지나치게 의식한다. 이런 행위는 자기 결정 능력을 약화시키고 자존감이 낮아지게 만든다. 예를 들면 어떤 사람은 친구들의 시선을 과하게 의식한 나머지, 자신이 진정으로 원하는 흥미나 재능은 무시한 채 주변 사람과 세간의 기준에 맞춰 행동한다. 휴일을 어떻게 보내야 하는지, 옷은 어떻게 골라야 하는지, 심지어 직업까지도 전부 친구들의 평가를 기준으로 정하다 보면 점차 자기다움을 잃는다.

친구가 별로 없어도 괜찮다. 고독을 즐기는 시간을 가져보자. 내가 좋아하는 말 중에 **"사랑한다는 것은 누구든지 자기 혼자서 몸소 겪어야 하는 개인의 경험이다"라는 말이 있다.** 세계적인 베스트셀러 《사랑의 기술》의 저자이자 심리학자 에리히 프롬(Erich Fromm)이 한 말이다. 나는 혼자 있는 것을 좋아하지만, 그렇다고 인간관계가 좁은 편은 아니다.

오히려 혼자서도 잘 지내는 덕분에 지금의 위치까지 왔다고 생각한다. 나는 마흔 살쯤에 죽을 뻔한 적이 있다. 그때 문득 '나는 인간관계가 참 좋았다'라는 생각이 들었다. 그 정도로 인복이 많다.

흥미롭게도 **고독을 잘 견디는 사람일수록 건강한 인간관계를 맺는 경향**이 있다고 밝혀졌다. 캘리포니아대학교의 연구에 따르면, 혼자 있을 때 편안함을 느끼는 사람일수록 타인과도 건전하고 안정된 관계를 맺는 경향이 있다고 한다. 혼자 있을 수 있는 힘은 실제로 더 깊은 인간관계를 구축하는 기반이 된다. **스스로 판단하고 결정할 수 있다면 타인과의 관계에 집착하지 않고, 보다 자유롭고 평등한 관계를 구축할 수 있기 때문**이다. 또한 남들의 시선을 지나치게 의식하지 않고, 자신만의 삶의 방식을 추구할 수 있다.

결국 진짜 우정은 서로에게 지나치게 기대하거나 의존하지 않고, 각자의 인생과 선택을 존중하는 것이 아닐까? '친구에게 기대하지 않는 자세'는 성숙한 친구 관계의 길을 열어 준다. 친구는 인생을 즐겁게 만드는 존재가 될 수 있지만, 결코 인생의 필수 조건은 아니다. 자기 자신과 좋은 관계를 맺은 후 타인과 적절한 거리감을 유지하면서 교류하는 자세, 그러한 '친구에게 기대하지 않는 자세'가 결과적으로 좋은 인간관계를 만든다. 마지막으로 록 밴드 '더 크로마뇽즈(The Cro-magnons)'의 고모토 히로토가 한 말을 소개한다.

"친구가 없어도 돼. 반 친구는 친구가 아니야. 어쩌다 같은 해에 태어난 동네 애들이 같은 공간에 모여 있을 뿐이야. 취미도 다른데 친구가 될 수 있겠어? 전철에 탔는데 갑자기 '이 칸에 있는 분들 모두 친해지세요'라고 한다면 어떨까? 그냥 우연히 같은 칸에 탄 것뿐이잖아."

> 친구가 항상 같이 있어야 되는 것은 아니다.
> 누구보다 자기 자신을 소중히 하고
> 타인과 적당한 거리를 유지하면서 교류하자.

교사에게 기대하지 않는다

"존경할 만한 선생님을 만난 적이 있는가?"

우리는 오랫동안 선생님을 존경하고, 선생님의 지도를 전폭적으로 따라야 한다고 배워 왔다. 물론 우리 사회에는 존경받을 만한 선생님이 많다. 다만 그런 선생님을 만날 수 있을지 없을지는 또다른 문제다. 이것은 절대로 교사 개인을 탓하려는 의도가 아니다. 일본의 교육 시스템이 안고 있는 문제를 짚어 보고자 하는 것이다.

나는 과거 미국에서 아이를 기른 경험이 있는데, 미국과 비교해 보면 일본은 극단적으로 학교에 의존하는 측면이 많다. 결과적으로 교사의 책임과 노동이 과중해졌다. 이런 상황이다 보니 교사를 희망하는 사람이 점점 줄어드는 악순환이 반복되고 있다.

2018년 OECD(경제협력개발기구) 조사에 따르면, 일본 교직원의 주 노동 시간은 48개국 중에서 가장 길었다. 업무의 범위가 너무 넓은 것이 원인이다. 수업뿐 아니라 동아리 고문, 학부모 상담 등 아침부터 밤까지 일한다.

문부 과학성(교육, 과학 기술, 학술, 문화, 스포츠, 종교에 관한 행정 사무를 담당하는 일본의 행정 기관—옮긴이)의 조사에 따르면, 공립 학교 교직원 채용 전형 시험의 경쟁률이 큰 폭으로 낮아지고 있다. 과거 12~13:1 수준이었던 경쟁률이 최근 2:1 정도까지 떨어졌다.

이러한 문제는 전적으로 일본 정부가 교육보다는 노인 의료와 간호에 재원을 집중한 결과다. 2020년 OECD 보고에 따르면, 일본은 GDP에서 초등 교육부터 고등 교육까지의 공적 지출이 차지하는 비중이 2.9%로 비교 가능한 38개국 중 37위다.

일본 정부는 신종 코로나 정책에 77조 엔(2025년 기준 한화 약 720조 원), GoTo 트래블(일본 정부가 외국인 관광객을 유치하기 위해 개인의 일본 여행 경비를 지원하는 사업—옮긴이)에만 2조 3천 7백억 엔(한화 약 22조 2천억 원)의 예산을 사용한 것으로 알려져 있다. 그 반면에, GIGA 스쿨 구상(학생 1인당 컴퓨터 1대와 고속 네트워크를 지원하는 일본의 교육 개혁 사업—옮긴이) 예산은 4천 6백억 엔(한화 약 4조 3천억 원)이었다. 이처럼 일본 정부는 노인이나 의료 관계자는 충분히 지원하면서 아이들과 교사에게는 그렇지 못하다.

나는 젊은 청년을 대상으로 커뮤니티를 운영하고 있는데 그곳에 오는 교사들은 처음에는 사명감으로 교육 현장에 나갔지만, 점차 절망해 교사직을 포기하는 경우가 많았다. 이것이 현실이다.

일본의 경우, 일부 교사의 지식이 급속도로 변화하는 사회를 따라가지 못하는 것도 문제다. 국립교육정책연구소(교육 정책에 관한 조사 연구를 위해 일본 문부 과학성에 설치된 연구소—옮긴이)의 조사에 따르면, 교사의 약 70%가 'ICT(Information and Communication Technology, 정보통신기술) 활용'에 불안감을 느끼고 있다.

과연 이토록 가혹한 상황에 놓인 교사들에게만 많은 것을 기대할 수 있을까?

> 교사에게 모든 것을 요구하는 것이 문제.
> 아이에게 좋은 교육을 제공하고 싶다면,
> 부모도 정보를 수집하고 지식을 쌓아야 한다.

소셜 미디어에
기대하지 않는다

"소셜 미디어는 안 하는 게 낫다."

나는 소셜 미디어를 이용하지 않는 사람에게 꼭 이렇게 말한다. 업무용이 아니라면, 소셜 미디어는 단점이 많다고 생각한다. 일상생활에 깊숙이 침투한 소셜 미디어 플랫폼은 우리의 시간과 주의력을 빼앗고 있다. 많은 사람이 소셜 미디어를 통해 타인과 소통하고, 필요한 정보를 얻고, 자기표현의 수단으로 활용하고 있다.

그러나 실제 소셜 미디어는 부정적인 영향을 주는 경우가 더 많다고 생각한다. 나는 집필 활동을 위해 업무의 일환으로 소셜 미디어를 활용하고 있다. 그런데 일과 관련 없이 소셜 미디어를 하는 것에는 회의적이다. 이런 플랫폼은 갖은 수단을 써서 우리를 소셜 미디어에 중독되도록 한다. 그래서 '소셜 미디어에 기대하지 않는 자세'가 꼭 필요하다.

　소셜 미디어에 기대하지 않아야 하는 가장 큰 이유는 소셜 미디어가 지닌 높은 위험성에 있다. 과도한 소셜 미디어 사용은 **우울 증상, 불안 장애, 자존감 하락 등 여러 심리적 문제와 관련되어 있다**고 밝혀졌다.
　이 문제들의 핵심은 소셜 미디어를 통해 나를 타인과 비교하는 데 있다. 펜실베이니아대학교(University of Pennsylvania) 연구팀이 시행한 조사에 따르면, 소셜 미디어 사용 시간이 길수록 타인과 자신을 비교하는 빈도가 높아지고, 그에 따라 질투심 발생과 자존감 하락 등 부정적인 감정이 증가한다. 소셜 미디어상에서 우리는 자신의 가장 좋은 점이나 행복한 순간만을 포장해 업로드하는 경향이 강하다. 그래서 타인과 자신의 생활을 비교했을 때, 늘 자신이 뒤처지고 있는 것처럼 느끼는 것은 당연한 일이다.

타인과의 비교 문제만큼 위험한 것이 **인정 욕구(Thymos)의 비대화**다. 캘리포니아대학교 로스앤젤레스(UCLA)의 조사에 따르면, 빈번한 소셜 미디어 사용은 타인의 인정과 평가에 대한 의존도를 높이는 경향이 있다고 한다. 다시 말해 '좋아요'나 호의적인 댓글에 집착하게 되고, 그런 반응을 얻지 못하면 자기 가치를 낮게 여긴다. 나조차도 '좋아요' 수가 신경 쓰인다. 그만큼 플랫폼은 우리의 특성을 꿰뚫고 있다.

비교나 자기 인정 욕구는 해가 될 뿐 좋은 점이 일절 없다. 특히 **내적 동기를 유발하지 못하는 것**이 큰 문제다. '남들보다 뒤처지고 싶지 않아.' "좋아요'를 받고 싶어.' 등의 외적 동기는 오래가지 못한다. 이런 상태는 업무에도 지장을 주고, 더욱 의기소침해지는 악순환을 가져올 수 있다. 나는 콘텐츠 비즈니스에 대해 가르칠 때, 돈이 들지 않는 마케팅 방법의 하나로 소셜 미디어를 추천한다. 그런데 업무의 일환으로 시작한 소셜 미디어가 어느샌가 일상에 침투해 정신 건강을 잃어버리는 사람도 봤다.

또 다른 심각한 문제로는 소셜 미디어 중독의 위험성이

다. 스마트폰의 보급으로 언제 어디서든 소셜 미디어에 접속할 수 있는 현대 사회에서는 소셜 미디어 의존도가 급속하게 증가하고 있다. 늘 새로운 게시물을 체크하고, 자기 게시물에 대한 반응을 확인한다. 그런 행동이 습관화되면 자제력을 잃게 된다.

중증 소셜 미디어 중독에 빠지면 현실의 인간관계나 일, 학업에 지장을 줄 뿐만 아니라, **수면 장애, 주의력 결핍 등 신체적·정신적 건강에도 악영향**을 미친다. 또한 소셜 미디어를 사용하지 않는 시간에는 불안감과 초조함을 느끼는 등 의존증 특유의 증상이 나타나기도 한다.

소셜 미디어는 늘 타인과 연결된 느낌을 주지만, 그와 동시에 혼자 있는 시간, 자기 자신과 마주할 시간을 빼앗는다. 자기 성찰, 창의적 사고, 진정한 휴식은 모두 혼자만의 시간을 가져야 비로소 얻을 수 있는 것들이다. 소셜 미디어와 거리를 두고 혼자만의 시간을 만드는 효과적인 방법의 하나가 '디지털 디톡스(Digital detox)'다. 디지털 디톡스는 의식적으로 소셜 미디어나 디지털 기기의 사용을 줄이는 것을 말한다. 예를 들면 '주말에는 소셜 미디어를 사용하지 않기' '잠들기 2시간 전부터 스마트폰을 만지지 않기' 등 자신만의 규칙을 만들면, 소셜 미디어와 건강한 거리를 유지할 수 있다.

> 소셜 미디어는 장점도 있지만 단점도 많다.
> 의식적으로 거리를 두고 자신과 마주해
> 성찰과 휴식의 시간을 갖자.

행동력과 행복도를 높이는 연습 2

- ☑ 한 번쯤 부모에 대해 생각해 본다.
- ☑ 부모에 대한 기대를 멈출 수 없다면, 물리적으로 거리를 두자.
- ☑ 자신의 바람을 자식에게 강요하지 않는다.
- ☑ 부모는 자식에게 적절한 환경을 제공한다.
- ☑ 교육에 관한 정보에 늘 촉각을 곤두세운다.
- ☑ '가족이니까'라는 생각은 시대착오적이다. 각자의 의견을 존중한다.
- ☑ 자신을 소중히 하고, 타인과의 관계에 집착하지 않는다.
- ☑ 업무 수단 외에는 최대한 소셜 미디어를 하지 않는다.
- ☑ 디지털 디톡스로 혼자만의 시간을 갖는다.

3장

회사에 기대하지 않는 습관

"
회사에 대한 기대를
그만두고 싶지만···
"

1. 지금 회사에서 계속 일하는 것이 맞는지 고민하는 나

2. 현재 하는 일에서 성취감을 못 느껴 답답한 나

3. 상사와의 관계가 고민인 나

4. 부하나 후배가 성장하지 않는 것이 내 책임이라고 자책하는 나

5. 동료와 좋은 관계를 맺고 싶은 나

6. 사내 평가가 불만족스러운 나

회사에
기대하지 않는다

"회사는 왜 사명과 목표를 중시하는가?"

그것은 회사가 개인들이 모여 형성된 집단이기 때문이다. 사원 개개인은 자라온 환경이 다르다. 당연히 가치관도 크게 다르다. 그래서 회사는 공동의 임무나 목표를 중요시한다. 다시 말해 회사는 사원들의 가치관이 서로 다르다는 전제하에 존재한다. 그런데도 회사에 지나치게 기대하는 사람이 있다.

나도 경영자의 한 사람으로서 사원 한 사람 한 사람에게 좋은 영향을 주고 싶다고 생각한다. 그러나 분명 한계가 있다. 사원의 가치관을 이해할 수 있다는 보장이 없을뿐더러 개인을 완전하게 이해하는 일이란 불가능하기 때문이다. 개인에게 맞는 일을 시키고 싶어도 그런 일이 회사에 있을지 없을지 장담할 수도 없다. **진정한 의미에서 자신과 가치관이 맞고 자신의 능력을 발휘할 수 있는 회사에 입사하는 것은 기적에 가까운 일**이다. 그러니 회사에 지나친 기대는 하지 않는 편이 좋다.

요즘 시대에 안정적인 고용은 없다. 과거 일본에서는 한 번 취직하면 정년까지 고용이 보장되는 '종신 고용 제도'가 일반적이었다. 그러나 글로벌화와 기술 혁신에 따라 그러한 안정은 꿈같은 이야기가 됐다. 아무리 좋은 경영자라도 사업이 기울어지면 직원의 고용을 보장할 수 없게 된다. 일반적으로 경영자 입장에서는 직원들의 고용을 보장하고 싶고 계속 일하게 하고 싶은 마음일 것이다. 물론 직원을 소중하게 생각하지 않는 경영자도 있을지 모르지만, 그런 경우는 그리 많지 않다고 생각한다.

나는 "회사에 기대하지 마라"라고 말한다. 나는 이직 관련 상담을 해 줄 때가 많은데, 그때마다 "어떤 회사든 들어갈 때까지는 모른다"라고 이야기한다. 마케팅 능력을 배우기 위해 마케팅 회사에 들어가고 싶은 사람도 있을 것이다. 그렇지만 실제 어떤 일을 할지는 입사 전까지는 알 수 없다. 마케팅 부서에 배정되지 않을 수도 있고, 애초에 마케팅도 분야가 다양하기에 자신의 생각과 다른 일을 하게 될지도 모른다.

운좋게 희망 직종에 종사하게 되어도 부서 이동이 생기거나 적성에 맞지 않는 일을 해야 할 수도 있다. 이처럼 회사와 직원의 기대가 일치하지 않는다는 생각이 전제되어야 한다.

그런 전제하에 회사와 어떻게 관계를 맺어 나갈 것인가를 생각해야 한다. 어떤 일을 하든 '스스로 돈 벌 수 있는 힘'을 조금이라도 기를 수 있느냐가 중요하다. 100세 시대인 지금, 웬만큼 성공한 사람이 아닌 이상 우리는 계속 일해야 할지 모른다. 즉 정년 후에도 계속 일해야 한다. 아마 정년의 개념도 사라지지 않을까 싶다. 나이를 먹을수록 고용의 기회는 줄어든다. 그렇다면 스스로 돈을 벌 수 있는 힘을 길러

두는 것이 고용 불안의 위험을 분산할 수 있는 가장 좋은 방법이다.

'스스로 돈을 벌 수 있는 힘'이란 무엇일까? 바로 **마케팅 능력과 네트워킹 능력**이다. 마케팅을 알면 장사의 원리 원칙을 배울 수 있다. 네트워킹 능력이 있으면 인맥을 많이 쌓을 수 있다. 마케팅의 기본은 예나 지금이나 같다. 분명 인터넷, 소셜 미디어, AI(인공 지능)의 등장으로 마케팅 환경은 점차 변해가고 있지만, 업계에서 22년 이상 살아남으면서 깨달은 것은 마케팅의 원칙은 변함없다는 사실이다.

또한 네트워킹 능력은 인맥을 형성하는 데 꼭 필요하다. 내가 커뮤니케이션 능력이 아닌 네트워킹 능력이라고 말하는 데에는 이유가 있다. 커뮤니케이션 능력이 우수하다고 해서 인맥이 생기는 것은 아니기 때문이다. 나는 솔직히 커뮤니케이션 능력은 별로 없는 편이다. 성격이 무뚝뚝하고 잘 웃는 편도 아니다. 하지만 네트워킹 능력 덕분에 퇴사 후에도 12년 동안 업계에서 살아남을 수 있었다.

마지막으로 회사를 선택할 때 꼭 고려할 점이 있다. 나는 항상 **'누구'와 일하느냐가 가장 중요하다**고 말한다. 그리고 어떤 상사를 만나느냐도 중요하다. 회사를 선택할 때 어떤 회사인지, 어떤 일을 하는지보다는 누구 밑에서 일하느냐가 가장 중요하다. 나는 28세에 입사한 출판사의 상사 덕분에 지금의 자리까지 올 수 있었다. 그 사람이 없었다면, 분명 이렇게 책을 쓰는 사람이 되지 못했을 것이다.

> 회사나 업무 내용보다 중요한 것은
> '스스로 돈 벌 수 있는 힘'을 기르는 것,
> 그리고 '누구'와 일하느냐다.

일에 기대하지 않는다

"좋아하는 일을 직업으로 삼고 싶다."

흔히 듣는 말이다. 분명 성취감이나 자아실현이 가능한 일을 할 수 있다면 최고의 직업이다. 그런데 그런 일을 하면서 사는 사람이 얼마나 있을까? 나는 어쩌다 보니 편집자가 됐고, 하다 보니까 잘 맞아서 나름의 성과도 낼 수 있었다. 덕분에 지금 이렇게 내가 쓴 글로 돈도 벌고 있다. 그런데 '처음부터 책을 만들고 글을 쓰는 일을 좋아했는가?'라고 묻는다면, 내 대답은 '아니오'다. 시간이 지나고 돌아보니, 특별한 이유는 없었지만 늘 책이나 잡지 주변에서 일을 해 왔다. **전부 우연한 기회에 시작해, 하다 보니까 일이 좋아졌을 뿐이다.**

이 책에서 여러 번 언급한 바와 같이, 목표를 명확히 설정하는 것에는 단점이 많다. 우리가 분명히 알아야 할 점은 앞으로 '사라질 직종이 많다'라는 현실이다. 기술 혁신, 그리고 AI나 로봇 공학의 진화로 인해 많은 직종이 자동화의 흐름을 따라가고 있다. 옥스퍼드대학교(University of Oxford)의 연구에 따르면, 현존하는 직종의 약 47%가 앞으로 10~20년 사이 자동화로 대체될 가능성이 높다고 한다.

이러한 상황에서 **특정 직업을 목표로 삼는 것은 너무나 위험성이 크다.** 현재 사람들이 선망하는 직업이 10년 후에는 사라질 가능성마저 있기 때문이다. 그런데도 많은 사람이 여전히 기존 직업관에 얽매여 특정한 일에 집착하고 있는 듯이 보인다. 자동화의 흐름은 이제껏 인간만이 할 수 있다고 생각한 전문직까지 침투하고 있다. 법률가, 회계사, 의사와 같은 고도의 전문 지식이 필요한 직군부터 놀랍게도 디자인, 음악, 영상과 같은 예술 분야까지 업무의 일부분을

AI가 대체하고 있다.

많은 직업이 사라지고 또 새롭게 탄생한다. 이 주기는 점점 더 빨라지고 있다. 결국 앞으로 우리는 일생 동안 평균 10~15회 정도 직업 변화를 경험하게 될 것이다. 그렇다면 특정 직업을 목표로 노력하는 것보다 **다양한 환경에 적응할 수 있는 유연성을 기르는 것이 더 중요**하다. 그렇기 때문에 앞서 설명한 네트워킹 능력이 중요하다. 끊임없이 기술을 습득해야 하는 것은 물론, 네트워킹 능력이 앞으로의 인생을 좌우하게 될 것이다. 내가 말하는 네트워킹 능력이란 '사람과 사람을 잇는 힘'이다. 말하는 능력인 커뮤니케이션 능력과는 다르다. 네트워킹 능력이 있으면, 말주변이 없는 사람도 충분히 인맥을 형성할 수 있다.

네트워킹 능력이 있는 사람의 특징은 커뮤니케이션 비용이 적게 든다는 점이다. 나는 인간관계에도 비용이 존재한다고 생각한다. 이것을 커뮤니케이션 비용이라고 부른다. 당연히 커뮤니케이션 비용이 많이 드는 사람은 어디서든 환영받지 못한다. 커뮤니케이션 비용이 많이 드는 사람은 쉽게 말해 '말이 잘 안 통하는 사람'이다. 친절하고 알기 쉽게 설명하지 않으면 이해하지 못하는 사람은 커뮤니케이션 비용이 많이 든다고 본다. 반면 별말 안 해도 척척 알아듣는 사람도 있다. 상대가 무엇을 원하는지 알아채고, 부탁받기 전에 먼저 나서는 사람이다. 이런 사람은 **커뮤니케이션 비용이 적게 드는 우수한 사람**이다.

누구나 커뮤니케이션 비용이 많이 드는 사람보다 적게 드는 사람과 일하고 싶어한다. 자연적으로 비용이 적게 드는 사람은 여기저기서 불러 주는 곳이 많아진다. 점점 일도 늘어나고, 기회도 생길 것이다. 결과적으로 성과를 낼 가능성도 높아진다.

마지막으로 커뮤니케이션 비용을 낮추는 방법을 소개한다. 첫 번째는 **'즉시 답변하기'**다. 원활한 커뮤니케이션은 상대의 요청에 즉시 답변하는 것을 습관화하는 일에서 시작된다. 두 번째는 **'다시 연락하기'**. 약속 전날 또는 당일에 상대에게 먼저 연락하는 것만으로도 일이 좋은 방향으로 흘러간다. 세 번째는 '**즉시 보고하기**'. 누군가에게 조언을 받았을 때, 사람을 소개받았을 때 행동의 결과를 감사 인사와 함께 알린다. 이 방법들을 명심하면, 커뮤니케이션 비용이 낮은 사람이 될 수 있다. 상대가 "어떻게 됐어?"라고 확인하기 전에 먼저 행동하고 보고할 수 있는 능력이 생기기 때문이다. 당사자 입장에서는 이만큼 편한 상대가 없다. '말하지 않아도 알아서 해 주는 사람'으로 받아들이기 때문이다.

> 특정 일, 직업을 목표로 하는 것은 위험하다.
> 유연성과 네트워킹 능력을 키워서
> 스스로 일과 기회를 찾아 나서자.

상사에게 기대하지 않는다

"누구와 일하느냐가 중요하다."

내가 입버릇처럼 하는 말이다. 이때 '누구'는 대부분 직장 상사다. 앞서 말했듯이 나는 28세에 취직한 출판사에서 좋은 상사를 만났고 그 상사 덕분에 지금의 내가 있다. 어떤 상사를 만나느냐에 따라 인생이 달라진다. 만약 최악의 상사가 걸리면, 인생이 무너지기도 한다. 상사 때문에 적응 장애를 겪거나 사회 복귀를 못 하게 됐다는 등의 이야기를 종종 듣는다. 이것도 어떤 의미에서 상사에 의해 인생이 달라진 경우다. 그렇지만 우리는 상사를 선택할 수 없다.

취직이나 이직할 때 회사나 업무 내용을 보고 선택할 수는 있어도 직속 상사를 선택하는 일은 거의 불가능하다. 운 좋게도 입사 당시에는 좋은 상사를 만났더라도, 인사이동이나 조직 개편에 따라 갑자기 새로운 상사 밑에서 일해야 할 수도 있다. 다시 말해 우리는 늘 **'정해진(주어진) 상사' 밑에서 일할 각오를 해야 한다.** 이런 현실은 스트레스의 원인이 되기도 한다.

'만약 다른 상사였다면……' '타 부서 상사가 훨씬 좋은데……'라는 생각은 현 상황에 대한 불만을 가중해 일을 좋아하기 어렵게 만든다. 처음부터 상사를 고를 수 없다는 전제하에 적절한 대처법을 생각해야 한다. 또한 상사는 바뀔 가능성이 높다. 많은 조직에서 인사이동에 따른 상사 교체가 정기적으로 이뤄지고 있다. 인사이동은 조직의 활성화와 인재 육성을 위해 필요한 일이지만, 부하 입장에서는 환경의 큰 변화로 다가온다.

그리고 무엇보다 '상사도 사람'이다. 같은 상사라도 그의 태도나 방침이 늘 한결같지는 않다. 조직의 상황, 고위층의 압력, 개인 사정 등 다양한 요인이 작용해 상사의 언동은 변화한다. 즉 상사도 우리와 크게 다르지 않다. 나는 항상 직원들에게 "나한테 기대하지 마라"라고 말한다. 어쩌다 직책이 위일 뿐이지 인간적 우열과는 관계가 없다. 오히려 부하나 후배의 기대가 더 불편하게 느껴진다. 상사 역시 나태한 부분이 있고, 말과 행동이 달라질 때도 있다. 인간이니까 어쩔 수 없다.

그러니 상사에게 지나치게 기대하는 것은 무의미한 일이다. 그렇다면 어떠한 자세로 상사를 대해야 좋을까? 나는 딱 두 가지 방법을 찾았다. 첫 번째는 **적절한 거리를 유지하는 것.** 두 번째는 **회사가 아닌 다른 커뮤니티에 참가하는 것**이다.

먼저 적절한 거리를 유지하는 방법에 대해 알아보자. 다행히 요즘 회사는 직장 내 괴롭힘에 엄중히 대응하고 있다. 맡은 업무만 잘 해내면, 상사에게 나쁜 말을 들을 이유가 없다. 다만 드물게 고압적인 상사가 있는 경우도 있다. 그럴 때는 다른 상사와 일할 수 있도록 노력해 보자. 회사 인사부에 부서 이동을 신청하는 등 사내에서 할 수 있는 일을 알아보자. 그래도 안된다면 회사를 그만두는 방법도 있다. 만약 아직 20대라면, 회사에 취직하지 않고 여러 아르바이트를 하면서 다양한 경험을 쌓아 보는 것도 좋은 대안이다.

여러 커뮤니티에 참가하는 방법도 추천한다. 이 방법은 정신 건강을 위해서 필요하다. 일본 사회는 동조 현상이 심해 힘든 상사와 일하는 것이 정신 건강에 악영향을 주기 쉽다. 상사와 맞지 않으면 당연히 일하는 환경도 힘들어진다. 앞서 말했듯이 상사를 바꿀 수 없는 경우도 많을 것이다. 그럴 때는 회사 밖의 여러 커뮤니티에 참여해 보자.

하나의 커뮤니티에만 소속되어 있는데 그 커뮤니티에서 안 좋은 일이 생기면, 인생이 절망적이라고 느끼게 된다. 그런데 여러 커뮤니티에 소속되어 있으면, 한 곳에서 잘 안되어도 다른 곳에서 위안을 찾을 수 있다. 실제 나는 여러 프로젝트에 관여하고 있어 정신적으로 늘 안정되어 있다. 또한 나처럼 젊은 세대를 위한 커뮤니티, 기업가 커뮤니티, 작가 커뮤니티 등 모임을 직접 주최하는 것도 추천한다.

AI가 점차 우리 사회에 침투하고 있는 시대에서 틀림없이 사람과 사람을 잇는 힘은 중요해지고 있다. 사람은 유대관계가 중요한 생명체이기도 하다. 앞으로는 더욱 다양한 종류, 다양한 단위의 커뮤니티가 늘어날 것이다.

> 상사와 적정 거리를 유지하고,
> 다양한 커뮤니티에 참가해
> 정신적 안정을 유지하자.

부하에게 기대하지 않는다

"부하를 성장시키는 것은 거의 불가능하다."

이것이 내가 내린 결론이다. 나의 능력이 부족해서일지도 모른다. 그렇지만 한 가지 확실한 것은 **사람을 성장시키는 것은 너무나 어려운 일이라는 점이다.** 상사가 할 수 있는 것은 부하가 스스로 성장하고 싶다고 생각할 수 있는 환경을 만들어주는 일뿐이다. 내가 회사에서 퇴사해 독립한 이유 중 하나는 매니지먼트, 즉 조직 관리가 나한테 잘 맞지 않아서였다. 항상 부하나 후배를 보면서 '이게 왜 안 될까?'라는 불만이 있었다. 당시에는 진심으로 그렇게 생각했지만,

이제 와서 돌이켜 보면 나와 능력도 가치관도 다른 사람이기에 어쩔 수 없는 일이라는 것을 안다.

 조직 관리가 어려운 이유는 바로 **상대를 이해할 수 없기 때문이다.** 우리는 일을 할 때 일반적으로 자신의 경험이나 가치관을 기준으로 판단한다. 하지만 부하 개개인의 배경, 경험, 가치관이 저마다 다르다는 사실을 잊어서는 안 된다.

 '부하를 성장시키는 것은 거의 불가능하다'라는 결론을 내리게 된 배경에는 나의 정신 건강을 지키기 위한 측면도 있다. 늘 부하의 성장을 걱정하고 '왜 안 될까?'라고 계속 고민한다면, 정신적으로 큰 부담감을 떠안게 된다.

 과거의 나는 '좋은 상사'가 되기 위해 필사적으로 노력했다. 그런데 이런 노력이 결실을 보는 경우는 극히 드물었고, 대부분 결과가 나의 기대치에 미치지 못했다. 그 과정에서 나 자신이 점점 피폐해지는 것을 느꼈다. 이런 경험을 통해 **'나의 정신적 안정을 우선시해야 한다'**라는 사실을 깨달았다. 부하의 성장에 일희일비하지 않고, 자신의 마음 건강을 가장 중요시해야 한다. 이것은 결코 이기적인 생각이 아니다. 상사가 건강하지 않으면 부하에게도 좋은 영향을 줄 수 없기 때문이다.

그렇다면 '부하를 성장시키는 것은 거의 불가능하다'라는 생각을 인정한 후에 상사가 할 수 있는 일은 무엇이 있을까? 그 해답은 **'심리적 안전성의 확보'**에 있다. 심리적 안전성은 팀원이 서로의 다름을 받아들이고 존중할 수 있는 환경을 나타낸다. 심리적 안전성을 확보하는 것이 상사의 가장 중요한 역할이라고 생각한다.

심리적 안전성이 확보된 환경에서는 **부하가 스스로 성장하고자 하는 의욕이 높아지기 때문**이다. 예를 들어 부하의 실패를 엄하게 질책하기보다는 실패를 배움의 기회로 삼을 수 있도록 도와준다. 또한 부하의 의견을 진지하게 들어주는 자세도 필요하다. 나아가 다양성을 인정받을 수 있는 환경을 조성하는 것도 중요하다. 심리적 안전성이 확보되면, 부하가 자연스럽게 성장할 가능성이 생긴다. 상사가 부하를 일방적으로 성장시키려고 하지 않고, **부하가 스스로 배우고 성장할 수 있는 환경을 조성하는 것이 핵심**이다.

이 접근법은 상사가 받는 스트레스도 줄여준다. 상사는 부하의 성장에 모든 책임을 떠맡지 않고, 성장을 위한 환경을 조성하는 데 주력하면 된다. 그리고 부하가 기대한 만큼 성장하지 않더라도 자신을 탓할 필요는 없다. 다행히 부하가 잘 성장해 나간다면, '운이 좋다.' 정도로 가볍게 생각하는 사고방식이 중요하다. 이런 인식이 오히려 효과적인 조직 관리의 출발점이 된다.

상사의 역할은 부하를 일방적으로 성장시키려는 자세가 아닌, 부하가 스스로 성장할 수 있는 환경을 조성하고, 그 과정에서 자신의 정신 건강도 잘 챙기는 것. 이러한 인식의 전환이 현대 비즈니스 사회에 필요한 진정한 리더십이 아닐까?

> **상사의 역할은 부하가 스스로 배우고 성장하도록 환경을 조성하는 것. 자신의 정신 건강도 잘 챙겨야 한다.**

동료에게 기대하지 않는다

"동료에게 상담은 금물!"

이 말을 꼭 기억하길 바란다. 물론 같은 직장에서 일하는 동료에게 업무상 상담하는 것은 자연스러운 일이다. 그러나 깊은 고민이나 장래 진로에 관한 상담은 동료가 반드시 최적의 상담 상대는 아닐 것이다.

동료는 주로 자신과 같은 환경, 같은 제약 안에서 일하고 있기 때문이다. 그들도 당신과 비슷한 관점, 가치관을 가지고 있을 가능성이 높다. 그래서 새로운 제안이나 참신한 조언을 기대하기 어렵다. 이런 이유에서 신중한 고민이나 중요한 결단을 상담할 때는 회사 밖에서 상대를 찾아야 한다. **외부 사람은 당신의 직장 환경, 회사 문화에서 벗어나 객관적인 의견을 제시해 줄 수 있다.**

그렇다면 어떤 사람을 상담 상대로 선택하는 것이 좋을까? **자신이 이상적으로 생각하는 삶의 태도를 지닌 사람을 선택하는 것**이 중요하다.

단순히 성공한 사람이나 지위가 높은 사람이 아니라, '나도 저 사람처럼 살고 싶다'라고 생각하게끔 만드는 사람을 찾는 것이 중요하다. 예를 들어 워라밸(Work-life balance)을 중요시하고 싶은 사람이라면, 일과 개인의 삶 사이의 균형을 잘 맞추고 있는 사람을 상담 상대로 선택하는 것이 좋을 것이다. 사업을 고려 중인 사람이라면, 실제 회사를 운영해 성공한 사람의 이야기를 듣는 것이 유익하다. 또한 세계적인 성과를 목표로 하는 사람이라면, 해외에서 활약하고 있는 사람을 멘토로 삼는 것도 좋은 선택이다.

이렇게 외부에 조언을 받을 수 있는 사람을 두면, 더욱 넓은 시야와 새로운 가능성을 발견할 수 있다. 그들의 경험과 지혜가 당신의 커리어, 인생의 선택에 큰 영향을 줄지도 모른다.

또한 동료에게 기대하지 않으면, 동료의 행동이나 말에 일희일비하지 않고 자신의 업무에 집중할 수 있다. **동료의 실패나 단점을 수용하는 여유도 생긴다.** 자연스럽게 직장 분위기가 좋아지고 팀워크를 높이는 데 도움이 된다.

낡은 조직 문화가 남아 있는 일본 사회에서는 '직원은 가족'이라는 풍조를 강요하는 경향이 강하다. 나는 비즈니스나 돈이 개입된 상황에서는 직원을 가족이나 친구처럼 여겨서는 안 된다고 생각한다. 그런 마음을 갖게 된 순간부터 호의를 기대하게 되기 때문이다.

비즈니스 관계에서는 프로 의식이 필수다. 실제로 나는 비즈니스 파트너와 개인적인 만남은 갖지 않는다. 정말 많은 사람과 일하고 있기에 10년 이상 알고 지낸 비즈니스 파트너도 여러 명 있다. 그렇지만 일 외에 개인적으로는 만나지 않는 편이다. 덕분에 **오랜 시간 좋은 관계를 유지할 수 있다**고 생각한다.

사람은 익숙해지면 프로 의식을 잊고 편하게 대하기 시작한다. 그 자체가 나쁘지는 않지만, 비즈니스 관계가 오래 이어지기는 힘들 것이다. 나는 편집자로 일할 때 내가 작업한 책이 베스트셀러가 되지 않으면, 해당 저자와는 다시 일하지 않기로 결심했다. 그래서 좋아하는 작가와 일할수록 필사적으로 임한다.

동료와 점심을 먹으러 가거나 개인적으로 술 한잔하는 것도 피했다. 그들 역시 나에게 비즈니스 파트너다. 이들과도 나중에 회사를 떠난 후에 비즈니스 파트너로 다시 만날 수도 있다. 실제 출판사에서 같이 일했던 동료와 지금도 비즈니스 관계를 이어가고 있는 경우가 많다. 매사에 프로 의식을 갖고 임했기에 가능한 일이다.

나는 **'인생은 만남이다'**라고 가르친다. 어떤 인연으로 이어졌는지 모르지만, 현재 같은 회사에서 일하고 있다면 앞으로 좋은 인연으로 발전할 수도 있다. 동료에 대한 지나친 기대는 접어 두고 프로 의식을 갖고 임하자. 상담하지 않아도 되고 점심 먹으러 같이 안 가도 되고 술 마시러 안 가도 된다. 그럴 시간에 외부 사람을 만나거나 필요한 것을 배우는 기회로 활용하자.

> 동료와도 비즈니스 파트너로서
> 프로 의식을 갖고 교류한다.
> 사적인 상담은 회사 외부 사람에게 요청한다.

사내 평가에
기대하지 않는다

"완벽한 인사 평가는 불가능하다."

인사 평가는 어려운 일이다. 평가하는 사람, 평가를 받는 사람의 특성과 친밀도에 좌우되기 때문이다. 완벽한 평가는 불가능하다. 그러니 평가에 기대하지 않는 것이 좋다. 때로는 부당한 평가, 납득할 수 없는 평가도 있을 것이다. 그런데도 많은 사람에게 사내 평가는 큰 관심사다. 승진, 급여 인상, 나아가 커리어의 방향성까지도 사내 평가로 좌우된다고 생각하는 사람이 적지 않다.

나는 경영자로서 직원들을 정당하게 평가하고자 한다.

아마 다른 경영자도 같은 마음일 것이다. 많은 기업이 공정한 평가 시스템을 구축하려고 힘쓰고 있지만, **완전히 객관적이고 공정한 평가는 실질적으로 불가능하다.** 결국 평가도 사람이 하는 것이기 때문에 그 판단에는 반드시 주관이 개입하게 마련이다.

동일한 성과를 낸 사원 두 명이 있다고 하자. 한 사원은 상사의 눈앞에서 장시간 일하고 있지만, 다른 사원은 효율적으로 일을 마치고 빠르게 퇴근한다. 이런 경우에 전자가 더 좋은 평가를 받을 때가 많다. '열심히 하는 모습'이 눈에 보이기 때문이다. 그러나 실제 생산성과 효율성을 고려하면, 후자가 더 우수할지도 모른다.

평가는 개인의 호감에 의해 결정되는 측면도 크다. 인정하기 싫지만, 인간관계가 평가에 영향을 미치는 것은 부정할 수 없는 사실이다. 상사와 좋은 관계를 맺고 있는 사원이, 그렇지 않은 사원보다 높은 평가를 얻는 경향이 있다. 이러한 현실을 고려하면, **사내 평가에 일희일비하는 것은 무의미한 일**이다. 높은 평가를 받지 못했다고 해서 자신의 가치를 의심할 필요가 없고, 반대로 좋은 평가를 받았다고 해서 그것이 자신의 절대적 가치를 나타내는 것도 아니다.

내가 제안하고 싶은 것은 **사외 평가**다. 지금은 한 회사에서 평생 일하는 시대가 아니다. 다시 말해 필요하면 이직도 하면서 일하는 것이 당연해졌다. 사외 평가란 업계에서 받는 평가다. 과거 출판사에서 일할 때 내가 편집한 책이 연이어 베스트셀러가 됐다. 그 후 스카우트 회사를 통해 여러 업체에서 입사 제의를 받았다.

이런 경험은 나에게 좋은 자극이 되었고, 내 능력에 대해 자신감을 갖는 계기가 됐다. 결과적으로 이직은 하지 않고, 회사에서 다른 직책을 맡을 수 있었다. 이것은 베스트셀러라는 **객관적인 수치가 있었기에 가능한 일**이었다.

지금 하고 있는 일에서 객관적인 수치로 나타나는 성과를 낼 수 있다면, 그 일에 열심히 몰두하자. 알기 쉬운 수치로는 영업 실적 등이 있다. 가능한 구체적이고 측정할 수 있는 지표가 중요하다. 지금 직장에서 객관적인 수치를 낼 수 없다면, 이직을 고려해 봐도 좋을 것이다. 또한 고객에게 받는 평가도 중요하다. 예를 들어 음식점 등에서 일하는 경우 손님 입장에서 '저 사람은 일을 정말 잘하네'라고 생각한다면, 새로운 일을 제안받을 가능성이 있다. 나도 음식점에 가면 자연스럽게 점원의 행동을 살펴본다. 분명 나와 같은 경영자가 있을 것이다.

그렇다면, 사외 평가와 전혀 관계없는 일을 하는 경우는 어떻게 하면 좋을까? 바로 **이직을 추천한다.** 또는 업무와 별개로 회사 밖의 여러 커뮤니티에 적극적으로 참여해 보자. 새로운 만남이 인생을 바꾸는 경우도 있다. 어떤 사람이 세미나에 참가했다가 그곳에서 좋은 평가를 받아 세미나 강사의 회사에 취직했다는 이야기를 몇 번 들은 적이 있다. 실제 내가 아는 사람은 그렇게 부업으로 약 10억 원 이상의 수익을 올리고 있다.

결국 자신의 시장 가치를 어떻게 올리느냐가 중요하다. 그것이 곧 사외 평가이다. 그런 관점으로 일에 접근하는 자세가 중요하다. 사내 평가에 기대하지 않으면, 더욱 좋은 결과를 낼 수 있다. 사내 평가를 걱정해 상사의 안색을 살피거나 단기적인 성과에 몰두하는 대신에 진정으로 가치 있는 일에 집중할 수 있기 때문이다.

> 사내 평가에 휘둘리지 말고,
> 사외 평가를 중요시해
> 자신의 시장 가치를 높이자.

행동력과 행복도를 높이는 연습 3

- ☑ 회사와 자신, 동료는 각자 가치관이 다르다는 사실을 인정한다.
- ☑ 마케팅 능력과 네트워킹 능력을 기른다.
- ☑ '즉시 답변하기' '다시 연락하기' '즉시 보고하기'를 실천해, 커뮤니케이션 비용을 낮춘다.
- ☑ 어떤 회사에서 일하느냐보다 누구와 일하느냐를 중시한다.
- ☑ 상사와 적절한 거리를 두고, 회사 밖 다양한 커뮤니티에 참가한다.
- ☑ 부하가 스스로 성장하고 싶게끔 환경을 제공한다.
- ☑ 자신의 정신적 안정을 우선시한다.
- ☑ 동료와 프로 의식을 갖고 일한다.
- ☑ 사외 평가를 중시해 일의 품질을 높이고, 자신의 시장 가치를 올린다.

4장

돈에 기대하지 않는 습관

> "돈에 대한 기대를
> 그만두고 싶지만···"

1. 돈만 있으면 행복해질 것이라고 믿는 나

2. 돈 문제는 투자로 해결할 수 있다고 생각하는 나

3. 열심히 일해 급여를 올리는 것이 가장 중요하다고 믿는 나

4. 노후 대비를 연금에 의존하는 나

5. 저금이 중요하고, 빚은 절대 안 된다고 생각하는 나

6. 다소 무리한 절약도 실천하는 나

돈에
기대하지 않는다

"돈은 그 자체로는 가치가 없다."

돈만 있으면 행복해질 것이라고 생각하는 사람이 의외로 많다. 그래서인지 주위에서 "매달 천만 원씩 벌고 싶다"라는 식의 말을 종종 듣는다. 그런데 사실 돈 자체에는 가치가 없다. 돈은 단순히 종잇조각이나 금속에 불과하다. 음식처럼 배를 채울 수도 없고, 핫팩처럼 몸을 따뜻하게 녹일 수도 없다. 돈의 가치는 사회적 약속으로 존재할 뿐이다.

역사를 거슬러 올라가면, 돈의 형태는 시대의 흐름에 따라 변화해 왔다. 조개껍데기부터 돌, 금, 은 그리고 현대에

이르러 지폐, 전자 화폐까지 그 형태는 다양하다. 그런데 어느 시대든 돈 자체가 직접적인 가치를 지닌 적은 없다. 돈의 가치는 **그것을 사용해 무언가를 얻을 수 있는 가능성**에 있다. 다시 말해 돈은 단순한 교환 매개체일 뿐이다. 그런데 무슨 이유에서인지 돈만 모으면 생활이 풍족해질 것 같은 인식이 만연하다. 이것이 현재 세계를 지배하는 금융 시스템이다. 결과적으로 부의 격차가 발생하고 권력이 생겨났다. 그리고 지금도 전 세계에서 전쟁이 일어나고 있다. 음모론을 제기할 의도가 아니다. 이것이 인류의 역사다.

현재 금융 시스템에 불복하라는 말이 아니다. 돈 자체는 가치가 없기 때문에, 목적이 될 수 없다는 이야기다. 돈은 **무언가를 얻기 위한 수단**일 뿐이다. 돈에 가치가 있다면 그 사용법에 있다. 이 차이를 구별하지 못하면, 인생이 꼬이기 시작한다. 또한 '돈이 있어도 반드시 행복해지는 것은 아니다'라는 사실이 과학적으로 증명되고 있다. 극도로 빈곤한 상태에서는 기본적인 생활 욕구가 충족되지 않으니 당연히 행복을 느끼기 어려울 것이다. 하지만 생활 수준이 어느 정도를 넘어서면, 돈과 행복의 상관관계는 급격하게 낮아진다.

한 연구에 따르면, 미국에서는 연봉이 7만 5,000달러가 넘으면 그 이상으로 수입이 증가해도 행복에 미치는 영향이 거의 없다고 밝혀졌다. 기본적인 생활 욕구가 충족되고 어느 정도 여유가 생긴 후에는 돈이 더 많아져도 행복감이 크게 변하지 않는다는 것이다. 오히려 경제적으로 넉넉한 사람 중에는 우울증이나 불안 장애를 겪는 사람이 적지 않다. 결국 돈만으로는 진정한 행복을 얻을 수 없다는 사실을 알 수 있다.

돈을 버는 것 자체는 행복감으로 이어지지 않는다. 오히려 돈을 어떻게 사용하느냐가 행복으로 이어질 가능성이 높다고 한다. 원하던 물건을 사면 일시적인 만족감을 얻을 수 있을지 몰라도 장기적인 행복으로 이어지기는 어렵다.

돈의 사용법은 크게 두 가지로 나눌 수 있다. 첫 번째 방법은 '물건의 구입'이고, 다른 방법은 '경험의 구입'이다. 이 두 가지 방법을 비교했을 때, 물건의 구입보다 경험의 구입이 장기적인 행복감으로 이어진다는 연구 결과가 많다. 즉 돈은 물질보다 경험이나 체험에 사용해야 한다. 비싼 자동차나 최신 기기를 구입하는 것보다 가족, 친구와의 여행 또는 새로운 기술을 배우는 교육에 투자하는 것이 더욱 큰 만족감과 행복감을 얻을 가능성이 높다. 타인을 위한 기부, 사회 공헌 활동에 돈을 사용하는 방법도 추천한다. 기부 단체의 연구에 따르면, 타인을 위해 사용한 돈이 자신을 위해 쓴 돈보다 큰 행복감을 가져다준다고 한다.

그러니 맹목적으로 돈을 모으거나 물건을 사는 데 낭비하기보다는 다양한 경험에 돈을 사용해 보자. 그런 경험을 통해 비로소 돈의 가치를 알 수 있다. 돈은 경험을 얻기 위한 수단에 불과하기 때문이다.

> 돈은 경험을 쌓는 데 사용해야
> 비로소 가치가 생기고,
> 행복감과 만족감을 얻을 수 있다.

투자에
기대하지 않는다

"투자는 100억 원부터 해라."

내가 편집자 시절에 담당했던 작가이자 개인 자산 관리사에게 들은 이야기다. 다시 말해 100억 원 정도는 있어야 제대로 된 금융 상품을 소개받을 수 있다고 한다. 또한 내가 주최하는 출판 교육 행사에 온 외국계 금융업 종사자도 전문가가 넘치는 세상에서는 초보자가 투자해서 성공하기 어렵다고 말했다. 그런데 최근 일본에서는 '신(新) NISA(Nippon ISA, 소액 투자 비과세제도)를 활용해 투자를 시작하자'라는 식의 문구로 국민에게 투자를 부추기고 있다. 소셜 미디어에서는 '파이어(FIRE: Financial Independence, Retire Early)하자!' 등의 문구를 사용해 투자로 성공한 듯한 사람이 투자 방법을 전수하는 강좌를 운영하기도 한다. 이런 풍조는 굉장히 위험하게 느껴진다.

나는 약 20년 전에 주식 투자를 했었다. 당시 지식도 없이 시작해 당연히 실패했다. 그 후 출판사에 입사해 금융 관련 책을 여러 차례 만들면서 금융 전문가와 교류할 일도 많아졌다. 그때 느낀 것은 **초보자가 무턱대고 발을 들여서는 안 된다**는 생각이었다.

분명 투자로 성공한 사람이 있을지도 모르지만, 그런 사람은 소수에 불과하다. 워런 버핏(Warren Buffett), 조지 소로스(George Soros)와 같은 전설적인 투자자가 세계적으로 유명하지만, 그들은 예외 중의 예외다. 대다수 투자자는 시장 평균을 밑도는 성과밖에 낼 수 없는 것이 현실이다.

다트머스대학교(Dartmouth College)와 시카고대학교(University of Chicago)의 연구에 따르면, 전문 투자자조차도 장기적으로 시장 평균을 웃도는 수익을 내는 것은 극히 어려운 일이라고 한다. 이 **효율적 시장 가설(Efficient Market Hypothesis)**에 따르면 시장 가격에는 이미 모든 정보가 반영되어 있기 때문에, 일관되게 시장을 선점하는 것은 불가능하다.

이런 상황에서 각종 주식 지표를 바탕으로 운용하는 인덱스 펀드(Index fund)가 주목받고 있다. 시장 전체 움직임에 연동하는 투자 신탁에 자금을 투입하면, 적어도 시장의 평균 수익을 회수할 수 있다고 보는 개념이다. 과거 데이터를 보면 장기적으로 인덱스 펀드가 확실한 수익을 내는 것은 사실이다. 그러나 인덱스 펀드도 예전에는 성과가 좋았지만, 미래는 예측할 수 없다는 점을 잊어선 안 된다. 또한 투자 사기를 당하는 사람이 증가하는 추세도 우려된다.

나는 **'인생은 시간, 능력, 인맥, 돈 순서로 공략해야 한다'**라고 생각한다. 그런데 '돈만 있으면 행복해진다' '투자해야 한다'라는 사회 분위기 때문에, 느닷없이 돈부터 공략하려는 사람이 늘고 있다. 그런 사람이 금융 사기의 먹잇감이 된다. 놀랍게도 나름대로 사업으로 성공한 사람 중에도 사기 범죄의 피해자가 된 경우를 종종 본다. 그만큼 투자의 영역은 일반인들에게는 어려운 영역이다.

어떤 분야에나 전문가가 있기에 특히 금융 투자는 초보자에게는 승산이 없다. 월가나 헤지펀드, 투자 은행에는 고도의 수학적 지식을 갖춘 천재들이 최첨단 기술을 구사해 매일 시장을 분석하고 있다. 그들과 같은 경기에서 경쟁하는 것은 아마추어 복서가 프로 헤비급 챔피언에게 도전하는 것과 같은 이치다.

내가 50년 넘게 살아오면서 내린 결론은, **자신에 대한 투자가 가장 확실하다**는 것이다. 먼저 지식과 경험에 투자하자. 만약 금융 자산이 10억 원 이상 쌓이면, 그때는 투자를 생각해도 좋을 것이다. 물론 그때도 여유 자금으로 운용해야 한다.

마지막으로 보험 이야기를 하고 싶다. 주변에 쓸데없는 보험에 가입한 사람이 많다. 어린 자녀가 있는 가정에는 보험이 필요할 수 있지만, 그 이외의 사람은 생명 보험이 필요 없다고 생각한다. 보험료가 적은 의료 보험에 가입하는 정도는 괜찮다. 여러 번 강조했듯이 돈은 수단에 불과하고 목적이 될 수 없다. 돈을 늘리려고 하기 전에, 자기 능력을 높이는 데 시간을 투자하자. 시간, 능력, 인맥을 쌓아 나가다 보면, 돈은 저절로 따라올 것이다.

> **금융 투자에 무턱대고 손을 대기보다는
> 자신의 지식과 경험에 투자하자.
> 돈은 저절로 따라오는 것이다.**

급여에 기대하지 않는다

"연봉이 올라도 실수령액은 안 오른다."

일본의 급여는 체감상 미국의 절반 이하다. 미국 대학생은 인턴으로 월 천만 원을 넘게 받기도 한다. 30년 동안 이어진 디플레이션(Deflation)이 끝나고 일본도 곧 인플레이션(Inflation)이 발생할 것이다. 저출산 고령화로 인해 인력 부족 문제가 심각해지는 것도 확실하다. 그렇다면 급여는 원활하게 오를 것으로 예상된다. 단, 사회 보험료가 문제다. 일본은 사회 보험료가 점점 인상되고 있다. 세금을 올리기 어려운 탓인지 사회 보험료가 점점 올라 최근 30년간 개인 부담과 법인 부담을 합친 요율이 10%에서 30%로 높아졌다. 나는 회사를 경영하며 직원들의 사회 보험료를 부담하고 있기 때문에 이 문제에 대해 잘 알고 있다.

예를 들어 월급이 200만 원인 사람은 회사가 약 240만 원을 지불한다. 즉 회사가 추가로 40만 원 정도를 부담하고 있다. 그런데 직원이 받는 200만 원에서 40만 원이 사회 보험료로 빠지면, 실수령액은 160만 원이 된다. 물론 소득세 등도 포함되지만, 간단하게 생각하면 이렇게 실수령액이 정해진다.

회사 입장에서는 직원의 급여를 올려도, **사회 보험료가 오르면 직원이 받는 실수령액은 오르지 않는다.** 고령화가 빠르게 진행되면서, 매년 의료비와 간호비가 늘어나고 있는 것이 원인이다. 이미 이 상태가 악화되고 있는 현실이다. 이러한 문제를 차치하더라도 **급여에 의존하는 것은 위험**하다. 급여는 엄연히 타인이 정하는 금액이기 때문이다. 아무리 열심히 일해도, 급여를 결정하는 것은 회사나 상사라는 타인이다. 다시 말해 자신의 노력과 성과가 반드시 공정하게 평가되어 급여에 반영되는 것이 아니다. 종신 고용 제도가 붕괴된 현실에서는 언제 실직을 당할지 모른다.

일본에서 작업형 고용(ジョブ型雇用, 기업이 필요로 하는 능력, 경험, 자격 등에 한정해 인재를 채용하는 고용 방법—옮긴이)이 널리 퍼지고 있는 점도 급여 상승을 어렵게 만드는 요인이다.

기존의 일본형 고용에서는 연공서열, 종신 고용을 전제로 근속 연수에 따라 급여가 자동으로 오르는 구조가 일반적이었다. 그러나 작업형 고용에서는 직무 내용과 급여가 명확히 묶여 있다. 따라서 같은 일을 지속하는 이상 급여가 자동으로 오르는 경우는 없다. 이런 상황을 고려한다면, 급여에 기대하는 것이 얼마나 위험한지 알 수 있다. 급여 인상만을 목표로 삼으면, 일의 본질적인 가치와 자기 성장의 기회를 놓칠 가능성이 있다. 또한 급여가 기대만큼 오르지 않으면 욕구 불만이 쌓이고 동기 부여에 어려움이 생길 수 있다.

그렇다면 어떤 방식으로 급여에 접근해야 할까? 결론은 급여에 기대하지 말고 **스스로 돈을 벌 수 있는 능력을 쌓아**

야 한다. 회사를 관두고 사업을 하라는 말이 아니다. 오히려 회사를 다니면서, 자신의 시장 가치를 높여 수입을 직접 조정할 수 있는 위치를 목표로 삼는다. 그래서 앞으로는 **퍼스널 브랜딩**(Personal branding, 개인의 가치관·능력·장단점 등을 분석해 지향하는 목표를 정하고 하나의 브랜드로 만드는 것—옮긴이)이 중요해진다.

사내외적으로 자신이 누구인지 표현할 필요가 있다. 퍼스널 브랜딩을 잘하면 회사에서 중요한 자리를 맡을 수도 있고, 때로는 스카우트를 받아 이직할 수도 있다. 나도 회사원일 때 편집자로서 우수한 실적을 쌓은 덕분에 다른 회사에서 스카우트 제의를 받은 적이 있다. 그 일을 계기로 회사와 협상해 급여를 올릴 수 있었다.

요즘은 소셜 미디어 등을 통해 정보를 공유하며 퍼스널 브랜딩을 한다. 인정 욕구를 채우기 위해서가 아닌, 퍼스널 브랜딩을 위해 소셜 미디어를 한다. 그리고 다양한 네트워크를 구축해 자신의 시장 가치를 올린다.

시장 가치란 어느 시장에 있느냐에 따라 달라진다. 지금 자신이 있는 시장에서 가치가 50이라고 해도, 다른 시장에서는 100이 될 수 있다. 50대 정규직 사원으로 이직하기는 어려웠는데, 고문 소개 회사에 등록했더니 여기저기서 채용 연락을 받았다는 사례도 있다. 앞으로는 퍼스널 브랜딩을 통해 자신의 가치를 올리고, 그 가치를 가장 높이 평가하는 시장을 공략하는 것이 중요하다.

> 남이 결정한 급여에 의존하는 것은 위험하다.
> 퍼스널 브랜딩으로 자신의 가치를 높여,
> 스스로 수입을 지배하자.

연금에
기대하지 않는다

"노후는 없다."

현재 일본의 상황을 보면 죽을 때까지 일할 각오가 필요하다. 일반 회사원의 경우 퇴직 후 노령 연금을 받아도 매달 몇십만 원이 될까 말까다. 그 돈으로는 생활할 수 없다. 게다가 100세 시대에는 60세 정년 이후에 40년은 더 살 가능성도 있다. 만약 22세에 사회인이 됐다면, 정년까지 걸린 기간과 거의 같은 기간을 정년 후에도 살아야 한다.

당연히 **연금이 적으면 계속 일할 수밖에 없다.** 물론 생활 보장 제도에 의존하는 방법도 있다. 그러나 저출산 고령화가 진행 중인 일본에서 과연 생활 보장 제도가 얼마나 유지될지 상당히 의문스럽다. 사회 보험료가 점점 올라도 그보다 빠른 속도로 사회 보장비가 오를 것이다.

현 상황을 좀 더 자세히 살펴보자. 일본을 비롯한 많은 선진국에서는 저출산 고령화가 급속도로 진행 중이다. 이것은 연금 제도의 근간을 뒤흔드는 중대한 문제다. 일본은 2019년 기준 65세 이상 고령자 인구가 총인구의 28.4%를 차지하고 있고, 2065년에는 38.4%까지 상승할 것으로 예측된다. 반면 생산 연령 인구(15~64세)는 계속 감소하고 있다.

연금을 내는 인구는 감소하고 연금을 받는 인구는 증가하는, **연금 제도상 최악의 시나리오가 진행 중이다.** 이러한 인구 동태의 변화는 연금 제도의 지속 가능성에 큰 의문을 던진다. 현재 젊은 세대가 노후를 맞이할 때는 연금 수령액이 큰 폭으로 감소하거나, 수급 연령이 늦춰질 가능성이 높다. 최악의 경우 연금 제도 자체가 붕괴할 가능성도 부정할 수 없다.

이런 상황에서 연금에 지나친 기대를 거는 것은 매우 위험하다. 그런데 많은 사람이 여전히 "연금이 있으니까 괜찮다"라며 낙관적으로 생각한다. 이런 생각은 노후에 경제적 어려움을 초래할 가능성이 높다.

그렇다면 노후를 어떻게 대비해야 좋을까? 해답은 **'연금에 기대하지 않는 자세'를 갖추고 자신의 힘으로 노후의 경제적 안정을 확보하는 것**이다. 다시 말해 스스로 벌 수 있는 능력을 갖추는 것이다.

먼저 **전문 지식을 배워야 한다.** 기술은 점점 퇴보하니, 그보다 전문 지식을 배워 그 지식을 가르치는 것이 좋다. 예를 들어 도예와 같은 취미를 전문가 수준으로 배워 보는 것은 어떨까? 도예와 같은 분야는 AI로 대체하기 어렵기 때문이다. 되도록 취미 분야에서 AI가 대체할 수 없는 전문 지식을 쌓는 것이 좋다. 나는 콘텐츠와 체험 가치의 결합이 비즈니스로 연결되기 쉽다고 생각한다.

다른 한 가지는 **사회적 관계망 형성**이다. 다른 말로 인맥이다. AI가 점차 사회에 침투할수록 앞으로는 '누구와 연결

되어 있는가?'라는 사실이 더욱 중요해진다. 일본에 살면서 경제적 성공을 이루기란 쉽지 않지만, 앞서 말한 것과 같이 돈과 행복보다는 좋은 인간관계가 행복에 큰 영향을 미친다.

아무리 나이를 먹어도 일이나 고객을 소개받을 수 있는 인간관계를 갖는 것이 100세 시대에도 계속 일할 수 있는 비결이다. 이것을 **사회적 자본(Social Capital)**이라고 한다. 사회적 자본이란 사람과 사람의 관계성을 무형의 자산으로 보는 사고방식이다.

나는 금융 자본보다 사회적 자본을 여유롭게 쌓아가는 것이 앞으로 살아남을 가능성이 높다고 생각한다. 따라서 퍼스널 브랜딩을 확립하고 다양한 사회적 관계망을 만들어가는 것이 중요하다.

> **최악의 상황이 닥친 연금 제도.**
> **전문 지식과 사회적 관계망을 쌓아**
> **노후의 경제적 안정을 확보하자.**

저금에 기대하지 않는다

"빚을 잘 활용하라!"

우리는 '저금이 미덕'이라는 생각에 익숙해져 있다. 특히 일본에서는 검약과 저축 정신이 깊숙이 뿌리박혀 있어, 많은 사람이 장래의 안정을 위해 저금을 중시해 왔다. 그러나 나는 반대로 "빚을 잘 활용하라"라고 말한다. 현재 자본주의 사회에서는 대출을 잘 활용하면 그것이 더 이득이 될 수 있다고 생각한다. 나에게도 현재 적지 않은 대출이 있다.

애초에 현금은 가치가 없다. 특히 인플레이션 시대에서

는 그 가치가 점점 떨어진다. 인플레이션이란 일반적인 물가 수준이 지속적으로 상승하는 현상을 말한다. 다시 말해 같은 금액으로 살 수 있는 상품이나 서비스의 양이 시간의 흐름에 따라 감소하는 것이다.

예를 들어 10년 전에 3,000만 원을 저금했다면, 당시는 고급 외제 차의 계약금을 지불하기에 충분한 금액이었을지 모른다. 그러나 10년이 지난 지금 그 3,000만 원의 구매력은 분명히 감소했다. 동일한 고급 외제 차를 사려면 더 많은 돈이 필요해졌다.

게다가 일본은 국제적으로 존재감이 약해지고 있어, 장래에는 엔화 가치가 하락하는 엔저(低) 상황의 가능성이 높다. 또한 급여, 특히 실수령액이 늘지 않는다. 본래 인플레이션 시대에는 급여도 올라야 하지만, 일본은 구조상 급여가 오르기 어렵다.

애초에 가처분 소득이 적은 상황에서는 저금을 해도 미미한 금액밖에 모으지 못한다. 또한 일본 은행의 장기적인 금융 완화 정책(일본 중앙은행이 경기 부양을 촉진하기 위해 실시한 금융 정책—옮긴이)으로 인해 **금리가 전 세계적으로도 매우 낮은 수준**이다.

단순한 예금으로는 실질적으로 이자가 거의 발생하지 않는다는 의미다. 예를 들어 1,000만 원을 보통 예금으로 넣었을 때 연이자가 0.001% 정도다. 이 돈은 인플레이션으로 떨어진 돈의 가치를 보상받기에는 너무 소액이다.

이런 상황에서 저금에만 올인하는 것은 다시 생각해볼 필요가 있지 않을까? 오히려 대출을 받아서라도 새로운 지식이나 경험에 투자해야 한다. 이런 투자로 **보통 예금의 이자를 훨씬 뛰어넘는 이익을 얻을 가능성이 높아진다.**

나는 해외 경험에 적극적으로 투자해 왔다. 미국으로 이주할 때도 꽤 큰 돈이 들었다. 일본과 미국 양국에서 생활했기 때문에 집세도 두 배로 들었고, 왕복 비행기 요금을 포함해 매달 지출이 빠듯했다. 그러나 결과적으로 해외 교육을 접하는 기회를 얻었다. 만약 일본에서만 생활했다면 해외 교육에 흥미를 느낄 수 없었을 것이다. 또한 지금 내가 하고 있는 교육 사업도 할 수 없었을 것이다.

매달 몇십만 원씩 저금해서 모이는 돈은 그리 대단하지 않다. 다른 곳에 투자해도 마찬가지다. 그래서 나는 오히려 빚을 내야 한다고 말한다. **빚을 잘 활용하면, 현재 자신이 가진 돈 이상의 지식과 경험을 얻을 수 있다.**

빚은 미래를 선점하는 것이다. 주택 담보 대출을 떠올리면 이해하기 쉽다. 주택 담보 대출은 돈을 다 모아서 집을 사려면 30년 이상이 걸리기 때문에, 은행에서 돈을 빌려 집을 먼저 사는 개념이다. 즉, '주택 담보 대출'이라는 명칭의 빚이다. 마찬가지로 학자금 대출도 돈을 모아서 대학교에 가는 것이 아니라, 먼저 빚을 내서 학비를 지불하는 개념이다.

우리는 주택 담보 대출이나 학자금 대출에는 반발하지 않으면서, 무슨 이유에서인지 빚을 내는 데는 반감을 느낀다.

그러나 빚은 미래를 먼저 손에 넣는 것일 뿐이기에 적극적으로 활용해도 좋다. 적절한 빚으로 자신의 인생에 투자하면서, 점차 인생을 성장 궤도에 올려야 한다. 일본은 전 세계적으로 초저금리 국가 중 한 곳이다. 이런 시대에는 저금보다 대출이 이득이다.

**저금의 장점이 줄어드는 상황에서
대출금으로 미래를 선점하면,
이득을 얻을 수 있다.**

절약에
기대하지 않는다

"무조건적인 절약은 빈곤으로 가는 지름길!"

우리 사회에는 '검약 정신은 미덕'이라는 생각이 고착되어 있다. 어릴 때부터 "쓸데없이 낭비하지 마라", "미래를 대비해 절약해야 한다"라는 가르침을 들으며 자란 사람도 많을 것이다.

일상에서 커피 한 잔을 아끼거나, 점심 도시락을 싸서 다니는 등 이런 작은 절약으로 모은 돈에는 인생을 크게 바꿀 만큼의 영향력은 없다고 본다. 예를 들면 매일 점심값 5,000원이 드는 사람이 2,000원으로 직접 도시락을 싸고 3,000원을 절약했다고 하자. 이렇게 해서 모은 돈이 의미가 없다고 할 수는 없겠지만, 매일 도시락을 싸는 데 걸린 시간을 생각하면 시간 낭비라고 보는 사람도 있을 것이다. 물론 요리를 좋아하는 사람이라면 직접 요리를 하면서 스트레스를 해소하고, 정신적으로 좋은 영향을 받았을 것이다. 하지만 절약만을 위한 요리라면 다시 생각해 보는 것이 좋다.

이렇듯 절약은 그 금액 이상으로 시간을 잡아먹는 경우가 많다. 예를 들면 이동 수단도 마찬가지다. 고속 열차 대신 돈을 아껴서 일반 열차를 타고 가면 상당히 긴 시간이 걸린다. 해외에 갈 때도 직항 비행기 대신 환승 비행기를 타면 돈은 절약할 수 있지만, 비행기를 환승하려면 시간이 더 걸릴 뿐 아니라 수화물 분실의 위험성이 높아진다. 그래서 나는 되도록 직항편을 탄다. 만약 수화물이 분실되면 항공사에 문의하는 데 시간이 걸리고, 최악의 경우 수화물을 아예 잃어버릴 수도 있다.

돈은 아꼈지만 시간을 허비하는 행위는 인생에 도움이 안 된다. 오히려 돈으로 살 수 있는 시간은 적극적으로 사는 것이 좋다. 내가 택시를 타고 우등석을 타는 것도 이동 중에 일을 하기 위해서다. 사람에 따라서는 가사 대행에 돈을 쓰는 것도 좋은 방법이다. 그만큼 자신이 쓸 수 있는 시간을 벌 수 있다.

이렇게 귀중한 시간을 적극적으로 모은다. 인생에서 가장 중요한 것은 시간이기 때문이다. 살 수 있는 시간을 사는 것은 인생을 설계하는 데 틀림없이 도움이 된다. 반대로 지나친 절약만큼 인생을 살아가는 데 손해는 없다.

또한 **지나친 절약 정신은 새로운 일에 도전할 용기를 빼앗는다.** '실패하면 다 쓸모없다.' '돈이 너무 많이 든다.' 등 이런 생각이 앞서면, 새로운 취미나 기술의 배움, 사업처럼 인생의 경험치를 높여 줄 도전을 피하게 된다. 인생의 진정한 즐거움 중 하나는 미지의 영역에 발을 들여 새로운 경험을 통해 성장하는 데 있다. 절약을 너무 우선시하면 이런 기회를 놓친다. 그리고 시간 못지않게 중요한 것이 인간관계다. 지나치게 절약에 매달리는 사람은 아무래도 인색해지기 쉽지 않을까? 타인과 교류할 때도 늘 가장 저렴한 선택지를 찾게 되고, 남들의 권유를 계속 거절하다 보면 인간관계에도 악영향을 미칠 가능성이 있다. 사람들은 인색한 사람을 싫어한다.

나는 부하나 후배에게는 무리해서라도 밥을 산다. 어쩌면 이런 소신을 지키고 싶어서 돈을 벌려고 하는지 모른다. 또한 절약을 의식하면 사람을 만날 일이 줄어든다. 당연히 기회도 줄어든다. 결국 사회적 관계망도 넓히지 못한다.

절약이 반드시 좋은 점만 있는 것은 아니다. 쓸데없이 시간을 낭비하고, 도전할 의욕을 꺾고 인간관계도 악화시킨다면, 인생에 있어서 지나친 절약은 오히려 최악의 자세가 아닐까?

> 시간을 낭비하고
> 인간관계에 악영향을 준다면,
> 절약은 안 하는 것이 낫다.

행동력과 행복도를 높이는 연습 4

- ☑ 돈 자체는 가치가 없다. 목적이 되지 않도록 주의한다.
- ☑ 돈은 '경험의 구입'에 투자해 행복감을 높인다.
- ☑ 인생은 시간, 능력, 인맥, 돈 순서로 공략한다.
- ☑ 금융 투자보다 자신에게 먼저 투자한다.
- ☑ 퍼스널 브랜딩을 통해 사내외적으로 자신을 표현한다.
- ☑ 전문 지식의 습득과 사회적 관계망 형성을 중시한다.
- ☑ 때로 빚을 내서라도 현재 자신이 갖고 있는 것 이상의 지식과 경험에 투자한다.
- ☑ 시간을 효율적으로 사용하기 위해서는 지출을 아까워하지 않는다.
- ☑ 절약은 인간관계에 악영향을 미치지 않는 범위에서 실천한다.

5장

사회에 기대하지 않는 습관

> **사회에 대한 기대를
> 그만두고 싶지만…**

1. 정치인이 국민을 위해 일한다고 믿는 나

2. 미디어 속 정보를 꼼꼼히 확인하면 문제없다고 생각하는 나

3. 어려움이 생기면 행정 기관이 해결해 준다고 믿는 나

4. 국내는 안전하니까 앞으로도 안심하고 살 수 있다고 생각하는 나

5. 전쟁을 먼 나라의 문제로만 여기는 나

6. 해외에 가면 돈도 벌고 외국어도 배울 수 있다고 믿는 나

정치에 기대하지 않는다

"정치인은 선거를 위해 일한다."

일반적인 상식으로 '정치인은 국민을 위해 일한다'라고 생각할 것이다. 그러나 실제로 정치인은 선거를 위해 일한다. 또 정치인도 사람이기 때문에 자신과 가족의 생활을 먼저 생각할 것이다. 우리는 정치인에게 고결한 이상과 숭고한 사명감을 원하고 있는지 모른다. 하지만 그들도 결국 사리사욕을 추구하는 인간이다.

정치인이라는 직업을 선택한 이유는 사람마다 다르겠지만, 이상을 향해 정계에 진출한 사람이 있는가 하면, 가업을 잇기 위해 정치 세계에 들어온 사람도 있을 것이다. 그런데 한 번 정치인이 되면 그들에게는 공통의 관심사가 생긴다. 바로 다음 선거의 당선 여부다. 정치인에게 낙선은 치명적이다. 선거에서 떨어지면 정치인으로서 생명이 끝난다. 그래서 그들의 언동 대부분은 재선을 위해 움직인다. 어떤 의미에서 민주주의 시스템이 낳은 당연한 결과라고 볼 수 있다.

예를 들어 한 정치인은 환경 보호에 강한 신념을 갖고 있다. 그런데 자기 지역구의 주요 산업이 환경 보호와는 거리가 있다면, 그는 환경 보호보다 지역 산업 보호를 우선시할지도 모른다. 지역 유권자의 지지를 얻지 못하면 다음 선거에서 떨어질 수도 있기 때문이다. 이렇듯 정치인은 때때로 나라 전체의 이익보다 **자기 지역구의 이익을 우선시한다.**

이것은 당연히 '지역구를 위해 일한다'라는 행동으로 이어진다. 도로 정비, 공공시설 유치 등 눈에 보이는 형태로 지역에 이익을 가져다주는 정책은 중요시되지만, 전국적으로 해결해야 하는 과제나 장기적인 문제의 대응은 뒷전이 되기 쉬운 이유가 여기에 있다.

더구나 일본에서 이런 문제는 저출산 고령화로 인해 더 심각해지고 있다. 유권자 중 고령자 비중이 극히 높아지고 있기 때문이다. 그래서 정치가 점점 '노인을 위한 정치'에 편중되고 있다. 연금, 의료비 문제는 정치의 중심 과제가 되지만, 젊은 세대의 고용과 교육, 육아 지원 등 장래를 위한 투자는 우선순위에서 밀려나고 있다. 이러한 상황은 미래에 위험한 결과를 초래한다.

고령자 중심의 정책은 확충되는 반면 청년 세대, 육아를 짊어진 세대를 위한 정책이 제대로 마련되지 않으면 저출산 문제를 막을 수 없다. 그러면 고령화는 더 심해지고, '노인을 위한 정치'가 가속화되는 악순환에 빠지게 된다.

이런 상황에 직면하다 보면, 정치에 실망해 아예 관심을 두지 않는 사람도 많아질 것이다. 특히 청년층에서 이런 경향이 강하게 나타난다. "어차피 변하지 않는다." "내가 투표한들 큰 의미가 없다." 등 부정적인 목소리도 적지 않게 들린다. 그러나 이런 상황일수록 **투표해야 한다.**

물론 투표할 마음이 생기지 않는 것도 이해는 간다. 그러나 투표율을 높이는 것만큼 정치인을 압박할 수 있는 수단은 없다. 청년층이 정치에 무관심할수록 '노인을 위한 정치'는 가속화된다. 그러면 **청년들의 미래뿐 아니라 다음 세대의 미래까지 위태로워진다.** 나는 국력은 '교육이 전부다'라고 생각한다. 그러니 젊은 세대를 위해 예산을 아끼지 않는 정치를 바란다. 청년들은 투표권이 있다면 반드시 투표하러 가야 한다. 일단 거기서부터 시작이다.

> 정치인도 사리사욕을 위해 일한다.
> 적극적으로 투표에 참여하고,
> 청년 정책, 육아 정책의 확충에 기여하자.

미디어에 기대하지 않는다

"TV와 신문을 그대로 다 믿지는 마라."

미디어는 본래 권력을 감시하고 진실을 알리는 정의로운 존재다. 그러나 현실은 그리 단순하지 않다. 오히려 '미디어는 거짓말을 할 수 있다'라는 인식을 갖는 것이 중요하다. 물론 모든 미디어가 의도적으로 거짓 정보를 흘리는 것은 아니다. 많은 저널리스트가 진실을 추구하고, 정확한 정보를 전달하기 위해 매일 노력하고 있다. 그런데 조직으로 이루어진 미디어에는 여러 제약과 압력이 존재하고, 그것이 결과적으로 거짓을 낳기도 한다는 것을 알 필요가 있다.

이런 문제의 최대 원인은 '광고주'의 존재다. 많은 미디어, 특히 TV, 신문과 같은 매스미디어는 광고 수입에 크게 의존하고 있다. 그래서 광고주인 기업의 생각을 무시할 수 없다. 만약 광고주인 기업에 불리한 정보가 있을 때, 실상 그 정보를 적극적으로 보도하기는 어렵다.

최악의 경우 광고 계약이 파기될 가능성도 있다. 예를 들면 한 대기업 식품 회사가 광고주인 상황에서 그 회사의 제품에 건강상 피해를 일으킬 만한 혐의가 드러났다고 하자. 원래는 중대한 뉴스로 여겨 대대적으로 보도해야 한다. 그런데 광고주 눈치를 보느라 그 뉴스가 축소되고, 때에 따라서는 아예 보도되지 않는다.

또한 **미디어는 시청률, 구독자 수를 확보하기 위해, 경쟁하듯 자극적인 보도 행태를 보이기도 한다.** 정확한 사실 전달보다 사람들의 관심을 끌 만한 측면을 과장해 보도하는 경향이 있는 것이다.

미디어에는 정치적 편향도 존재한다. 특정 정당, 정치인과 가까운 관계에 있는 미디어도 있고, 반대로 비판적인 입장을 취하는 미디어도 있다. 이러한 편향은 보도 내용이나 방향성에 큰 영향을 미친다. 같은 사건이라도 미디어에 따라 전혀 다르게 다루는 경우가 있다. 이렇듯 **미디어에는 여러 제약과 압력이 존재하고, 그것은 진실을 왜곡하는 결과를 낳는다.** 그러니 미디어를 맹목적으로 믿어선 안 된다.

결코 미디어를 전면적으로 부정하고, 모든 정보를 믿지 말라는 의미가 아니다. 미디어의 편파성을 깨닫고, 스스로 분석하는 힘을 길러야 한다.

우리에게 필요한 것은 '**정보 문해력(Information Literacy)**'이다. 정보 문해력이란 정보를 적절히 이해하고 평가해 활용하는 능력을 말한다. 이것은 현대 사회를 살아가는 데 매우 중요한 능력이다. 특히 인터넷의 보급으로 누구나 쉽게 정보를 전달할 수 있는 시대에 이 능력의 중요성은 더욱 커지고 있다.

그렇다면 정보 문해력을 어떻게 길러야 할까? 첫 번째는 미디어가 '**누구의 돈**'으로 운영되는지 확인한다. 해당 미디어의 광고주가 누구인지, 어느 기업인지 찾아본다. 간단히 말해 돈의 흐름을 파악하면, 그 미디어의 관점을 알 수 있다.

두 번째는 **성향이 다른 미디어를 여러 군데 확인한다.** 예를 들어 어떤 나라에서 분쟁이 일어났을 때, 미국의 뉴스와 중동의 뉴스를 비교해서 읽어 보자. 각자 입장을 고려해 정보를 확인하면 중립적인 사고가 가능해진다.

세 번째는 최대한 1차 정보를 얻을 수 있도록 평소 **정보망을 넓혀 둔다.** 미디어가 보도하는 뉴스는 종종 2차 정보, 3차 정보를 다루는 경우가 많다. 정보가 이곳에서 저곳으로 전달되면서 왜곡될 수 있다. 온라인, 오프라인, 공식, 비공식에 국한하지 않고, 다양한 정보 자원을 접한 뒤 스스로 판단할 수 있도록 노력해야 한다.

> **미디어 속 정보를 그대로 받아들이지 말고,
> 정보 문해력을 익혀
> 스스로 판단하는 힘을 기르자.**

행정에 기대하지 않는다

"행정 직원도 재해 피해자일 수 있다."

이 말을 처음 들었을 때, 눈이 번쩍 뜨였다. 내 주변에는 재해 피해자를 지원하는 사회 공헌 활동가가 많다. 자연스럽게 나도 지원 활동에 참여한 적이 있는데, 그때 "행정 직원도 재해 피해자라는 사실을 쉽게 잊어버린다"라는 말을 듣고 수긍한 기억이 있다.

'관청 사무(お役所仕事, 형식적이고 비능률적인 관공서의 일 처리를 비꼬는 말—옮긴이)'라는 말이 있듯이, 무슨 이유에서인지 행정 직원에 대한 이미지는 그리 좋지 않다. 효율적이지 않

고, 융통성 없이 일을 처리하는 이미지다. 많은 사람이 행정 기관을 떠올릴 때 이런 이미지를 갖고 있지 않을까?

   이것도 따지고 보면 우리가 행정 기관에 대해 지나치게 기대하기 때문에 생기는 감정이다. 도로를 정비하고 학교를 운영하고 사회 보장을 제공하는 곳. 그리고 비상시 우리의 신변을 보호해 주는 곳. 이런 기대 때문에 우리는 쉽게 실망한다.

   애초에 행정 기관에서 일하는 사람들도 우리와 같은 일반 시민이다. 그들도 가족이 있고 개인의 생활이 있다. 분명 공무원의 직무는 시민을 위해 일하는 것이다. 하지만 24시간, 365일 완벽하게 일할 수 있는 것은 아니다.

   예를 들어 대재해가 발생했을 때, 사람들은 행정 기관이 곧바로 대응해 줄 것이라고 기대할지도 모른다. 그러나 실제 행정 직원도 재해 피해자의 가족일 가능성이 높다. 자신과 가족의 안전 확보 때문에 곧바로 직무에 임하지 못할 수도 있다. 다시 말해 **'우리 지역에 재해가 일어나면, 구청 직원도 피해자'**가 된다. 그들에게도 자신과 가족을 지킬 권리가 있다. 그래서 재해 발생 직후에는 행정 기관의 대응이 늦어질 가능성이 있다.

　재해뿐 아니라 평상시에도 마찬가지다. 행정 기관이 시민을 위해 존재하는 것은 분명하지만, 민간 기업과 같은 서비스업과는 본질적으로 다르다. 행정은 공평성과 공정성을 중시해야 하므로, 특정 개인이나 단체의 이익을 위해 일해선 안 된다. 그래서 때로는 융통성이 없어 보이거나, 대응이 느리게 느껴지기도 한다. 행정 직원이 결코 나태하거나 무능력해서가 아니라, 오히려 공정함을 유지하기 위해 필요한 행동이라고 볼 수 있다.

　또한 앞으로는 재원 부족이 문제다. 나라는 점점 살기 어려워지고, 행정 서비스는 점차 감소할 것이다. 따라서 행정 기관에서 의뢰를 받아 일하는 사람들도 생활이 빡빡해질 것이다.

　이렇듯 애초에 행정 기관에 기대하는 것이 잘못이다. **'나는 내가 지킨다'**라는 의식을 가져야 한다. 특히 재해 발생과 같은 긴급 사태에서 이런 태도가 매우 중요하다.

재해가 발생했을 때 행정 대응에는 한계가 있다. 소방서, 경찰서, 군대 등의 인원도 한정적이다. 모든 재해 피해자를 동시에 구조하는 것은 불가능하다. 그래서 각자 최소한의 준비를 해두어야 한다. 며칠간 먹을 수 있는 식량과 물을 비축하는 것이 좋다.

전원과 전파도 확보한다. 대용량 배터리나 위성 통신 서비스 스타링크(Starlink)를 준비하는 것도 좋다. 또한 피난 장소도 미리 확인해 두어야 한다. 재해 지원에 능통한 지인 말로는 걸어서 몇 시간 내에 지하수가 있는 장소를 파악해 두는 것이 도움이 될 수 있다고 한다.

앞으로는 세계적으로, 국가적으로도 자연 재해가 자주 일어날 것으로 예상된다. 그러니 어느 정도 준비가 필요하다. 또한 어딘가에서 재해가 발생했을 때, **지원 활동을 할 수 있도록 대비하는 것도 추천**한다. 나는 실제 지원 활동에 참여하면서, 재해 방지에 관한 지식도 얻고 다른 활동가들과 교류할 수 있었다. 자연스럽게 재해에 대한 의식도 높아지고, 무엇보다 '내가 할 수 있는 일이 무엇일까?'에 대해 생각하는 습관이 생겼다. 결론은 나는 내가 지킨다는 자세를 지니면, 행정에 기대하지 않게 될 것이다.

행정 기관이 늘 완벽한 것은 아니다.
나는 내가 지킨다는 의식을 갖고,
최소한의 준비를 해놓자.

안전에 기대하지 않는다

"일본도 치안이 악화된다."

일본이 안전하다는 것은 사실이다. 일본에서는 밤에 외출할 수 있다. 나는 미국에 자주 가는데, 미국에서 밤에 외출할 수 있는 지역은 라스베이거스 정도다. 국제적으로 봐도 일본의 치안은 뛰어나다. "길에서 지갑을 잃어버려도 찾을 수 있다." "한밤중에 혼자 다녀도 위험하지 않다." 이런 경험은 많은 일본인에게 당연한 일상이었다.

그러나 앞으로 일본의 치안은 틀림없이 나빠질 것이다. 먼저 통계적 자료를 살펴보자. 경찰청의 범죄 통계에 따르면, 형사 범죄 건수는 분명 감소 경향을 보인다. 그런데 그 내막을 들여다보면, **흉악 범죄나 난폭 범죄의 비중은 증가**하고 있다. 특히 강도, 강간 등 중대 범죄는 건수 자체는 적어도 계속 증가하는 추세를 보이고 있다.

통계에 포함되지 않은 범죄도 증가할 가능성이 있다. 사이버 범죄, 특수 사기 등 새로운 유형의 범죄는 기존 통계에 정확히 반영되지 않았다. 또 범죄의 국제화도 벌어지고 있어, 외국인에 의한 범죄도 간과할 수 없는 문제가 됐다. 이러한 범죄의 배경에는 '유럽이나 미국과 같은 이주민의 증가 현상'이 있다.

저출산 고령화로 인한 노동력 부족을 보충하기 위해, 일본 정부는 외국인 노동자의 수용을 확대하고 있다. 2019년 4월에는 새로운 재류 자격 '특정 기능 제도(特定技能制度, 일정 기술 및 일본어 능력 기준을 통과한 외국인의 일본 체류를 허가하는 제도─옮긴이)'가 생겼고, 2027년에는 육성 취로 제도(育成就労制度, 일본에 체류하는 외국인이 보수를 받으며 업무를 실습하는 제도. 현재 '기능 실습 제도'로 개정됐다─옮긴이)가 도입될 예정이다. 앞으로 더 많은 외국인 노동자가 일본에 유입될 것으로 예상된다.

여기서 중요한 점은 국제적으로 볼 때 '일본은 급여가 적다'라는 점이다. 당연히 우수한 외국인은 일본 이외의 나라에서 일하는 선택지를 고를 것이다. 그렇게 되면 **우수하지 않은 외국인이 국내에 유입될 가능성이 있다.** 더구나 고도의 기술력을 갖춘 인재가 일본을 선택할 가능성은 낮아질 것이다. 그 대신 더 좋은 노동 조건을 찾아 일본으로 오는 사람 중에는 범죄 이력이 있는 사람도 있을 수 있다. 실제 과거 통계를 보면, 불법 체류자에 의한 범죄는 결코 무시할 수 없는 수치다.

미국과 유럽에서는 이주민이 늘어나면서 치안이 악화됐다. 외국인을 차별하려는 의도가 아니다. 다만 타 문화가 유입되면 그만큼 갈등도 늘어나는 것이 현실이다. 이런 상황을 고려하면 일본의 치안은 서서히 악화될 것이다. 최근에는 시골 노인들을 노리는 외국인 범죄 조직도 드러났다. 도심뿐 아니라 지방조차도 치안이 점점 악화될 것으로 보인다.

또한 **우리 사회의 양극화 현상도 문제**다. 빈곤과 격차 문제에 관심을 가질 필요가 있다. 범죄가 일어나는 배경에는 빈번히 경제적 문제가 연관되어 있다. 경제적 문제가 커질수록 범죄를 저지르는 일본인도 점점 늘어날 가능성이 있다.

이제는 어디에 사느냐가 중요해진다. 나는 미국 부동산을 소유한 적이 있는데, 그때도 치안을 가장 중시했다. 결과적으로 치안이 좋은 지역의 부동산 가격은 점차 올라간다.

앞으로 어디에 사는 것이 좋을까? 시골도 점점 위험해지고 있으니 결국 도심 어딘가에 사는 것이 안전하다. 파출소, 경찰서가 근처에 있고, 24시간 상주 관리인이 있는 아파트가 무난하다. 그리고 미국처럼 밤중에 외출을 삼가고, 아이가 혼자 밖에 나가지 않도록 주의한다. 앞으로 이 정도 대책은 필요해질 것이다.

> **앞으로는 치안이 악화될 가능성이 높다.
> 또 양극화된 사회에서는
> 어디에 사느냐가 중요해진다.**

평화에
기대하지 않는다

"우리도 전쟁에 휘말릴 수 있다."

일본은 전후 70년 이상 직접적인 전쟁을 경험하지 않았다. 그런데 이 평화가 영원히 이어지지 않을 수 있다. 오히려 지금 우리는 일본도 전쟁에 동원될 가능성이 있다는 엄중한 현실을 직시해야 한다. 세계정세는 시시각각 변화하고 있다. 러시아의 우크라이나 침공, 중동 분쟁, 그리고 일본과 가장 연관이 깊은 동아시아의 긴장 관계까지. 이런 상황을 봤을 때, 전쟁은 더 이상 남의 일만이 아니다.

특히 주목해야 할 것은 매년 고조되고 있는 대만해협을

둘러싼 긴장이다. 중국은 '하나의 중국(중국과 대만, 홍콩, 마카오는 절대 나뉠 수 없으며, 합법적인 중국 정부는 오직 하나라는 주장―옮긴이)'을 주장하고, 대만 통일을 국가 목표로 삼고 있다. 반면 대만은 사실상 독립 국가로 자치를 이어가고 있다. 이 대립 구조는 언제 무력 충돌로 발전해도 이상하지 않을 상황이다.

만약 문제가 불거지면 일본도 전혀 무관하지 않다. 지리적으로 가까운 것은 물론, 미일 동맹의 존재도 큰 요인이다. 미국이 대만 방위에 착수하면 재일 미군 기지가 사용될 가능성이 높다. 그러면 일본은 의도하지 않게 전쟁에 말려들게 된다.

더욱 걱정되는 것은 일본이 참전할 가능성이다. 현재 일본국 헌법에 따르면 자위대의 해외 무력행사는 엄격하게 제한되어 있다. 그러나 안전 보장 관련법의 성립에 따라 집단적 자위권 행사가 한정적으로 인정된다. 그러면 일본이 직접 공격을 받지 않아도, **동맹국이 받는 공격에 대해 군사적으로 대응할 수 있게 된다.** 따라서 유사시 일본의 자위 대원이 실제 전투에 동원될 가능성이 대두된다. 단순한 탁상공론이 아니다. 현실적인 사태로 진지하게 생각할 필요가 있다.

나아가 징병제가 생겨날 가능성도 있다. 현재 일본에는 징병제가 없다. 하지만 전쟁이 장기화되고 자위대만으로 인원이 부족해지면 징병제 도입이 충분히 검토될 만하다. 실제 세계 많은 나라가 징병제를 실시하고 있다. 일본도 긴급 상황이 발생했을 시 비슷한 길을 선택할 가능성이 있다.

전 세계적으로 징병제가 있는 나라는 60개국 이상이다. 아시아에서는 한국, 북한, 베트남, 태국, 싱가포르 등이 있고, 유럽에서는 스위스, 오스트리아, 노르웨이 등이다. 여성 징병제가 있는 나라는 노르웨이, 스웨덴, 네덜란드, 이스라엘, 북한, 모로코, 에리트레아, 모잠비크, 말리 9개국이다.

특히 노르웨이나 스웨덴에서는 그 배경에 젠더 평등의 추진이 있어 남녀가 동일한 조건으로 징병된다. LGBT법(성적 지향 및 성정체성의 다양성에 관한 국민의 이해 증진에 관한 법률—옮긴이)이 성립된 일본에서는 남녀 징병제가 실시될 가능성이 제기되고 있다.

이런 상황에서는 평화를 당연시하지 않는 것이 좋다. 즉 평화에 기대하지 않는 자세가 매우 중요해진다. 절대 전쟁을 바라는 의도가 아니다. 오히려 평화가 언제든 깨질 수 있다는 사실을 인지하고, 평화를 지키기 위해 무엇을 해야 하는지 신중하게 생각하라는 의미다.

진심으로 전쟁에 휘말리는 일만은 막고 싶다. 그래서 우리는 계속 국제 정세에 관심을 가져야 한다. 뉴스와 신문을 통해 세계 동향을 살피고, 더 깊이 이해하기 위해 역사와 정치, 경제에 관해 공부해야 한다. 정보를 그대로 받아들이기보다는 **비판적으로 분석하는 힘을 길러야 상황을 더욱 정확히 판단할 수 있게 된다.** 그 후에 미디어와 정치가 과격해지지 않도록 행동해야 한다. 앞서 설명한 정보 문해력을 기를 것, 투표하러 갈 것. 이 두 가지를 염두에 두자.

> **전 세계에는 전쟁의 불씨가 남아 있고,
> 일본도 언제 평화가 깨질지 모른다.
> 평화를 위해 해야 할 일을 신중히 생각하자.**

해외생활에 기대하지 않는다

"워킹홀리데이 가지 마라!"

내가 젊은 친구들에게 자주 하는 말이다. 워킹홀리데이(Working holiday, 국가 간 비자 협정을 통해 상대 국가에서 관광과 취업을 할 수 있게 허가하는 제도—옮긴이)를 돈 벌기 위한 목적으로만 추천하는 정보를 많이 접하기 때문이다.

워킹홀리데이 자체를 부정하는 것은 아니다. 과거에는 워킹홀리데이가 좋은 점이 많았다. 나는 해외 경험은 바람직하다고 생각한다. 나도 대학 졸업 후 미국 뉴욕에 살았던 경험이 있다. 특별한 목적이 있는 것은 아니었지만, 아르바이트로 모은 돈으로 약 1년간 뉴욕에서 지냈다. 그 경험이 지금 인생에도 많은 도움이 된다. 그래서 워킹홀리데이 자체를 부정하진 않는다. 하지만 '돈 벌러 가야지.' '영어를 배우러 가야지.' '경력을 쌓으러 가야지.' 등의 기대를 안고 가는 것은 위험하다는 이야기다. 그보다는 **놀러 간다는 마음으로 가는 것이 더 좋다.**

워킹홀리데이를 다녀왔다고 해서 경력에 큰 도움이 되는 것도 아니다. 오히려 손해다. 워킹홀리데이를 다녀와서 영어 실력이 비즈니스 수준으로 늘었다는 이야기도 들어본 적 없다. 일본에 살면서 영어 공부를 안 하는 사람은 해외에 가도 영어 실력이 늘지 않는다. 내가 그랬기 때문에 잘 안다.

워킹홀리데이뿐 아니라 해외생활에 대해 기대하는 사람이 많다. 한 번도 해외에 가 본 적이 없는데, "외국에 가서 살고 싶다"라고 말하는 사람도 있다. 아마 '외국에서 살면 특별한 일이 일어날 거야'라고 의미 부여를 하기 때문일 것이다.

분명 외국에 나가 살면 긍정적인 일이 일어날 수도 있지만, 사실 안 좋은 쪽이 더 많다. 나는 미국에서 8년간 살았지만, 일본보다 훨씬 불편했다. 치안이 안 좋고, 택배가 안 오고 (도둑맞을 때도 있었다), 전철이나 버스도 잘 안 오고, 관공서는 무책임하고, 비즈니스 파트너가 약속을 깨는 일이 흔했다.

그러니 해외생활에 대해 너무 기대하지 않는 것이 좋다. 그러나 한 가지, **아이들은 해외에서 교육을 받는 것이 좋을 수 있다**고 생각한다. 세계에는 좋은 대학교가 많다. 그리고 다양한 선택지가 있다. **전 세계적으로 보면, 교육의 선택지는 무한하다.** 내 딸은 초등학교는 호놀룰루, 중학교는 샌프란시스코, 고등학교는 일본에서 국제 학교에 다녔다. 그 후 미국 대학에 진학했다. 이렇듯 영어를 할 수 있으면 교육의 선택지가 많아진다. 그래서 나는 "영어만큼은 할 수 있도록 가르쳐라"라고 말한다.

일본에는 학교 시스템에 맞지 않는 아이가 있을 곳이 매우 한정적이다. 그런데 해외로 눈을 돌리면 선택지는 훨씬 많아진다. 물론 외국이 맞지 않는 아이도 있다. 외국에 가서 잘 적응하지 못하는 아이도 있다. 그러니 아무런 기대 없이 해외에 흥미를 갖도록 해 주는 것이 좋다. 예를 들면 어릴 때부터 해외여행의 경험을 만들어 준다.

아이에게도 외국 생활은 힘든 일이 많을 것이다. 그러나 앞으로 **일본을 떠나 외국에서 살 수도 있으니 그때를 대비해 미리 적응력을 길러 두는 것이 중요**하다. 스탠퍼드 온라인 고등학교의 호시 도모히로 교장은 대학원부터 미국을 경험해 보는 것도 좋은 방법이라고 말했다. 미국 4년제 대학교의 입시는 극도로 어렵기 때문이다.

워킹홀리데이든 이민이든 교육이든, 외국의 환경은 분명 일본에 비해 훨씬 가혹하다. 그래서 기대하지 않고, 오히려 힘든 현실을 미리 이해하고 도전했으면 한다.

> 해외 경험만으로 얻을 수 있는 것은 적다.
> 하지만 아이들은 해외에서 교육을 받으면,
> 인생의 선택지를 넓힐 수 있다.

행동력과 행복도를 높이는 연습 5

- ☑ 정치인에게 압박을 가하기 위해 반드시 투표한다.
- ☑ 미디어 속 정보가 무조건 옳다는 생각은 버린다.
- ☑ 미디어가 누구의 돈으로 운영되는지 확인한다.
- ☑ 보도와 관련해 서로 다른 관점을 가진 미디어의 정보를 비교한다.
- ☑ 정보망을 확대해 1차 정보를 수집한다.
- ☑ 재해 발생 시 스스로를 지키기 위해 최소한의 준비를 해둔다.
- ☑ 치안 악화에 대비해 안전한 장소를 찾고, 행동에 주의한다.
- ☑ 평화에 대해 신중히 생각한다.
- ☑ 가능하면 아이에게 해외에서 공부할 기회를 제공한다.

맺음말

  이 책을 끝까지 읽어주신 분들께 감사의 마음을 전한다. 이 책은 나의 12번째 저서다. 베스트셀러가 된 11번째 저서 《이동하는 사람은 잘된다(移動する人はうまくいく)》(국내 미발간)의 다음 책인 만큼 평소라면 부담감을 느꼈겠지만, '기대하지 않는 자세'로 임한 덕분에 큰 어려움 없이 마무리했다. 기대하든 기대하지 않든 결과는 바뀌지 않는다. 결과가 좋지 않을 때, 담담히 다음 행동을 할 수 있는 사람은 기대하지 않는 사람이다.

  누군가 인생은 장애물 경기라고 말했다. 인생에는 좋은

일도 나쁜 일도 많이 일어난다. 무슨 일이 일어나도 그 자리에 멈추지 않고 계속 행동하는 것만이 인생을 좋은 방향으로 이끌어 갈 수 있는 방법이다. 빅터 프랭클(Viktor Emil Frankl)의 저서 《그럼에도 삶에 '예'라고 답할 때(청아출판사)》에 이런 말이 나온다.

"이제 우리는 인생의 의미에 관한 물음이 잘못됐다는 것도 압니다. 흔히들 질문받는 것처럼 질문한다면 말이죠. 우리는 인생의 의미를 물을 수 없고—인생이 우리에게 질문하는 것입니다—답변자일 뿐입니다!"

인생의 물음에는 오직 행동으로 답할 수 있다. 이 책을 읽고 행동력과 행복감을 높인다면, 인생은 틀림없이 좋은 방향으로 흘러갈 것이다.

마지막으로 이 책의 기획 및 편집을 담당한 소심(SOCYM) 혼고 히로키 씨, 이케가미 나오야 씨에게 감사의 마음을 전한다. 또한 내가 경영에 참여하고 있는 IPS 출판사와 미래

교육 연구소 관계자분들 덕분에 집필 활동에 전념할 수 있었다. 그리고 무엇보다 나의 저서를 읽어 주신 독자분들이 있었기에 이 책을 낼 수 있었다고 생각한다. 정말 감사하다는 말을 전하고 싶다.

2024년 10월

나가쿠라 겐타

올댓북스의 책

침대 위의 세계사
수면, 탄생, 죽음, 섹스 외에 정치 무대이기도 했던 침대를 둘러싼 흥미진진한 역사 이야기
브라이언 페이건, 나디아 더러니 지음 | 안희정 옮김 | 344쪽 | 18,000원

타임 이펙트
인체 구조와 우주의 수수께끼까지 시간과 관련된 과학의 잡학 사전
구가 가쓰토시 지음 | 이수형 옮김 | 208쪽 | 13,000원

나이들어도 스타일나게 살고 싶다
나이들었어도 혼자여도 얼마든지 행복할 수 있다
쇼콜라 지음 | 이진원 옮김 | 184쪽 | 12,000원

뉴욕 최고의 퍼스널 쇼퍼가 알려주는 패션 테라피
세월이 흘러도 변치 않는 경쟁력 있는 패션의 정석
베티 할브레이치, 샐리 웨디카 지음 | 최유경 옮김 | 272쪽 | 13,900원

더 베스트 커리어
과학적으로 내게 꼭 맞는 직업을 선택하는 방법
스즈키 유 지음 | 이수형 옮김 | 248쪽 | 16,000원

예술이 좋다 여행이 좋다
걸작이 탄생한 곳으로 떠나는 세계여행
수지 호지 지음 | 에이미 그라임스 그림 | 최지원 옮김 | 208쪽 | 19,000원

문학이 좋다 여행이 좋다
위대한 소설의 무대로 떠나는 세계여행
세라 백스터 지음 | 에이미 그라임스 그림 | 이정아 옮김 | 216쪽 | 19,000원

신화가 좋다 여행이 좋다
신화와 전설이 깃든 곳으로 떠나는 세계여행
세라 백스터 지음 | 에이미 그라임스 그림 | 조진경 옮김 | 208쪽 | 19,000원

성지가 좋다 여행이 좋다
힐링과 믿음의 땅으로 떠나는 세계여행
세라 백스터 지음 | 해리 골드호크, 자나 골드호크 그림 | 최경은 옮김 | 208쪽 | 19,000원

영화가 좋다 여행이 좋다
명작 영화의 촬영지로 떠나는 세계여행
세라 백스터 지음 | 에이미 그라임스 그림 | 최지원 옮김 | 224쪽 | 19,500원

미식이 좋다 여행이 좋다
최고의 미식 도시들로 떠나는 세계여행
세라 백스터 지음 | 에이미 그라임스 그림 | 서지희 옮김 | 208쪽 | 19,000원

기대하지 않는다

초판 1쇄 발행 2025년 11월 3일
지은이 | 나가쿠라 겐타
옮긴이 | 이예진
인쇄·제본 | 한영문화사

펴낸이 | 이영미
펴낸곳 | 올댓북스
출판등록 | 2012년 12월 4일(제 2012-000386호)
주소 | 서울시 마포구 연희로 19-1, 6층(동교동)
전화 | 02)702-3993
팩스 | 02)3482-3994

ISBN 979-11-86732-72-4 03190

＊ 잘못된 책은 구입처에서 바꿔 드립니다.
＊ 책값은 뒤표지에 있습니다.